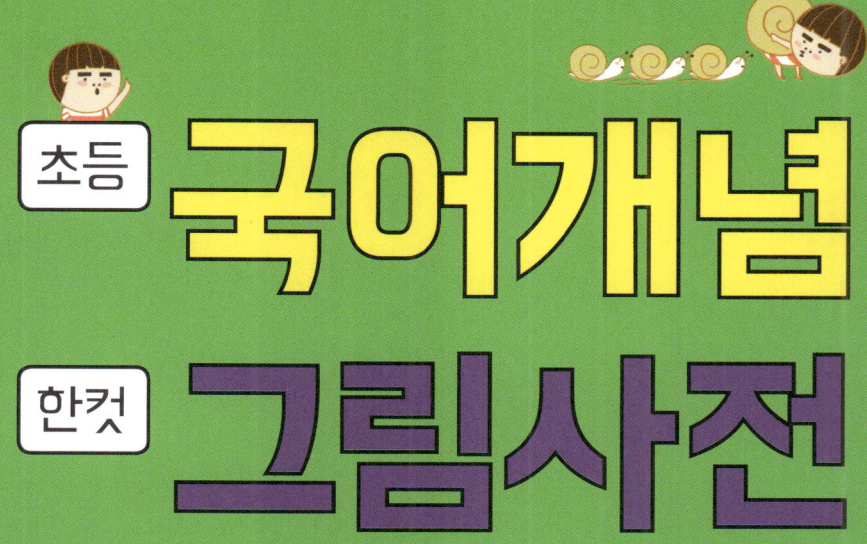

초등 **국어개념**
한컷 **그림사전**

## 초등 국어개념 한 컷 그림사전

**지은이** 강승임
**펴낸이** 정규도
**펴낸곳** (주)다락원

**초판 1쇄 발행** 2020년 3월 13일
**4쇄 발행** 2025년 4월 1일

**편집** 김유진
**디자인** 전현주
**일러스트** 오우성

**다락원** 경기도 파주시 문발로 211
**내용문의** (02) 736 -2031 내선 276
**구입문의** (02) 736 -2031 내선 250~252
**Fax** (02) 732-2037
출판등록 1977년 9월 16일 제406-2008-000007호

Copyright © 2020, 강승임

저자 및 출판사의 허락 없이 이 책의 일부 또는 전부를 무단 복제·전재·발췌할 수 없습니다. 구입 후 철회는 회사 내규에 부합하는 경우에 가능하므로 구입문의처에 문의하시기 바랍니다. 분실·파손 등에 따른 소비자 피해에 대해서는 공정거래위원회에서 고시한 소비자 분쟁 해결 기준에 따라 보상 가능합니다. 잘못된 책은 바꿔 드립니다.

ISBN 978-89-277-4752-9 73710

http://www.darakwon.co.kr
다락원 홈페이지를 통해 인터넷 주문을 하시면 자세한 정보와 함께 다양한 혜택을 받으실 수 있습니다.

# 초등 국어개념
# 한컷 그림사전

강승임 글
오우성 그림

다락원

# 국어 개념이 뭐냐면!

**국어는 우리말이에요.** 그래서 평소 생활 속에서 자연스럽게 접하고 익히다 보니 별다른 어려움 없이 사용해요. 하지만 학교에서 국어 공부를 할 때는 이게 우리말인가 싶을 정도로 어려워요. 그 이유는 교과마다 그 교과의 내용을 전달하는 '개념어'로 이해해야 하기 때문이에요.

**개념어란,** 각각의 내용에 담긴 의미를 파악할 수 있도록 도와주는 일반적이고 기본적인 지식을 뜻해요. 그래서 개념어를 모르면 줄거리는 이해할 수 있지만, 그 속뜻을 분석할 수는 없어요.

**예를 들어** 어떤 시에 대해 정확하고 깊이 있게 이해하려면 먼저 시가 무엇인지, 운율이 무엇인지, 직유법이 무엇인지 개념어부터 알고 있어야 해요. 시를 이해한다는 건 단순히 글자의 뜻을 이해하는 것만이 아니라, 운율이 어떤지 표현법이 어떤지 등을 파악하는 것이거든요.

지은이의 말

**그래서 이 책을 쓰게 되었어요.** 여러분이 국어 공부를 할 때 좀 더 쉽고 빨리 내용을 이해하고 분석하도록 돕고 싶었거든요. 이를 위해 개념어의 뜻을 글로만 풀어 쓴 게 아니라 그림으로 보여 주려고 했어요. 개념어들은 대체로 그 의미가 추상적이라 글로만 풀이된 걸 읽으면 무슨 뜻인지 애매할 수 있어요. 그럴 땐 그림으로 보면 한눈에 이해할 수 있지요.

이 책은 국어 개념어들을 총 5장으로 나누어 실었어요. 이는 최신 교육과정에서 제시한 기준을 따른 거예요. 선정한 개념어들도 바뀐 교육과정을 충실히 반영했어요. **이제 여러분이 국어 공부를 할 때 이 책이 즐거운 도움을 줄 수 있을 거라고 기대해요.** 그림 사전처럼 편한 마음으로 들여다보면 저도 모르게 국어 개념들이 머리에 쏙쏙 들어올 거예요.

지은이 **강승임**

# 이렇게 모아 놨어요!

**①  짧지만 느낌 있는 글**
## 시 ······················································ 10
시 / 운율 / 화자 / 감각적 표현 / 심상 / 비유적 표현 /
강조하기 / 변화 주기 / 시가 / 말놀이

**②  사실인 듯 사실 아닌 너**
## 이야기 ············································· 48
이야기 / 서술자 / 구성 / 인물 / 갈등 /
배경 / 옛날이야기(설화) / 희곡 / 시나리오

목차

**3** 하고 싶은 말, 쓰고 싶은 글, 다 있다
# 여러 가지 글 ········· 84
글 / 설명하는 글(설명문) / 설득하는 글(논설문) /
감정을 표현하는 글

**4** 어쩌고저쩌고, 이러쿵저러쿵
# 의사소통(듣기/말하기/읽기/쓰기) 120
의사소통 / 대화 / 발표 / 토론 / 토의 /
언어 예절 / 읽기 / 쓰기

**5** 말과 글에도 나름의 규칙이 있다
# 문법 ········· 160
문법 / 언어의 특징 / 언어의 기능 / 음운 / 음운의 변동 /
품사 / 낱말의 형성 / 문장 / 문장의 종류 / 어휘의 관계

▎한눈에 보고 싶을 때 **한 줄 모아보기** ········· 208
▎궁금한 개념이 있을 때 **찾아보기** ········· 220

# 우리 책 이렇게 보세요!

**핵심 개념**
여러 가지 개념어를 포함하는
핵심 개념이 먼저 나와요.

앞으로 나올 개념어를
모아서 한눈에 보여 줘요.

구성과 특징

### 한 줄 모아보기
공부한 개념을 한눈에 보고 싶을 땐 한 줄 모아보기를 보세요!

### 찾아보기
궁금한 개념을 빨리 찾아보고 싶을 땐 찾아보기를 보세요!

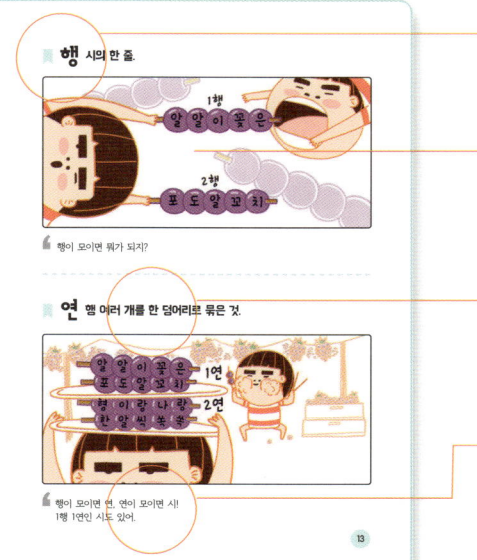

### 개념어
핵심 개념에 포함된 필수 개념어예요.

### 한 컷 그림
개념어의 이해를 돕고 오래 기억시켜 주는 한 컷 그림이에요.

### 뜻풀이
개념어의 뜻을 이해하기 쉽게 풀어 놓았어요.

### 꿀팁 한마디
선생님이 꼭 알려 주고 싶은 꿀팁을 적었어요.

# 1

짧지만 느낌 있는 글

> 시 / 운율 / 화자
> 감각적 표현 / 심상
> 비유적 표현
> 강조하기 / 변화 주기
> 시가 / 말놀이

쟁반같이
둥근 달

# 시

행, 연, 시어, 함축, 리듬, 시적 허용

; 생각이나 감정을 리듬이 느껴지는 말로 표현한 짧은 글.

송골송골
농부의 땀방울
햇빛과 비를
만나더니
송이송이
포도 되었네

" 시는 노래 같아.
소리 내어 읽으면 리듬 타고 흥얼흥얼댈 수 있어.
시는 짧지만, 느낌과 의미가 아주 풍부해.

🔖 **행** 시의 한 줄.

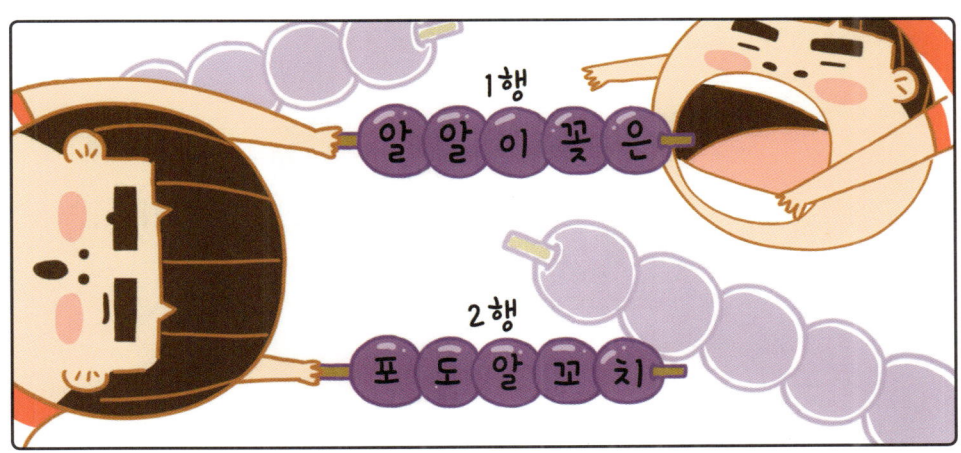

❝ 행이 모이면 뭐가 되지?

🔖 **연** 행 여러 개를 한 덩어리로 묶은 것.

❝ 행이 모이면 연, 연이 모이면 시!
1행 1연인 시도 있어.

### 🔖 시어 시에 쓰인 말.

❝ 늘 쓰던 말도 시에 쓰면 시어가 되지.

### 🔖 함축 시어가 여러 가지 뜻을 담고 있다는 특징.

❝ 장미는 꽃이지만, 그 속에는 마음, 사랑, 열정 같은 뜻이 함축되어 있어.

## 리듬 소리가 부드럽게 이어지며 규칙적으로 흐르는 것.

> 시를 소리 내어 읽으면 말의 리듬을 느낄 수 있어.

## 시적 허용 문법이나 표현이 틀려도 시에서는 특별히 허용한다는 뜻.

> 시에서는 느낌을 살리기 위해 틀린 표현을 써도 시적 허용을 해 줘.

# 운율

음수율, 각운, 두운, 의성어, 의태어

> 시에서 규칙적인 반복을 통해 느껴지는 말의 리듬감.

" 운율을 만드는 기본 원리는 규칙적인 반복이야.
같은 말소리, 글자 수, 끊어 읽는 소리 덩이의 수, 비슷한 문장 구조가 반복되면 운율이 생기지.

## ▰ 음수율  글자 수가 일정하게 반복되는 운율.

" 두 글자, 세 글자로 음수율을 지켜서 시를 써 보자.

## ▰ 각운
시행의 끝에
같은 소리가 반복되는 것.

## ▰ 두운
시행의 처음에
같은 소리가 반복되는 것.

" 각운을 쓰면 꼭 랩을 하는 것 같아.    " 두운을 쓰면 강조하는 느낌이 나.

## 의성어 소리를 흉내 낸 말.

의성어를 쓰면 소리가 보이는 것 같아.

## 의태어 모양을 흉내 낸 말.

행동을 재미있게 표현하고 싶으면 의태어를 쓰면 돼.

# 화자

■ 정서, 분위기, 태도, 어조, 감정 이입, 의지적, 희망적, 자연 친화적, 예찬적, 체념적, 절망적, 애상적, 반성적

; 시에서 시인을 대신하여 말하는 사람.

시의 화자가 어린아이면 순수한 마음을 표현할 수 있고,
시의 화자가 여성이면 섬세하고 부드러운 느낌을 전해 줄 수 있고,
시의 화자가 남성이면 강인하고 굳센 느낌을 전할 수 있어.

## 정서 시의 화자가 대상에 느끼는 감정.

시의 정서에는 밝고 긍정적인 정서와 어둡고 부정적인 정서가 있어.

## 분위기 시에서 풍기는 전체적인 느낌.

시의 분위기는 정서와 관련이 깊어.

## 태도 화자의 마음가짐.

화자의 태도는 어조와 관련이 깊어.

## 🔖 어조 화자의 말투.

❝ 친근한 어조는 친한 느낌을 주고, 명령적 어조는 단호한 느낌을 줘.

## 🔖 감정 이입 어떤 대상에 화자의 감정을 옮겨 넣는 것.

❝ 화자가 행복하면 모든 게 기쁘게 느껴지고, 불행하면 슬프게 느껴져.

## 🚩 의지적
어려운 상황을 이겨 내겠다는 굳센 마음.

❝ 도전하는 사람은 정말 의지적이야.

## 🚩 희망적
어떤 일이 잘될 것 같은 느낌.

❝ 봄은 희망적인 느낌을 주지.

## 🚩 자연 친화적
자연 속 삶을 즐거워하는 태도.

❝ 어린이들은 보통 자연 친화적이야.

## 🚩 예찬적
칭찬하고 찬양하는 태도.

❝ 그의 나무 예찬은 끝이 없네.

## 체념적

바라던 것을 더 기대하지 않는 마음.

❝ 체념적인 태도를 극복해야 해.

## 절망적

어떤 일이 이루어지지 않을 것 같은 느낌.

❝ 이번 시험은 절망적이야.

## 애상적

슬프거나 마음이 아픈 느낌.

❝ 이별하는 장면에서는 애상적 분위기가 느껴져.

## 반성적

잘못이 없는지 돌아보는 태도.

❝ 반성적인 사람은 같은 잘못을 되풀이하지 않아.

# 감각적 표현

; 직접 보고, 듣고, 냄새 맡고, 만지는 것 같은 느낌을 주는 표현.

시에 감각적 표현을 쓰면 직접 보는 것이 아닌데도 생생하게 느껴져. 감각적 표현은 구체적인 말로 표현하는 거야.

# 심상

시각적 심상, 청각적 심상, 후각적 심상, 미각적 심상, 촉각적 심상, 공감각적 심상

감각적인 표현을 통해 마음속에 떠오르는 인상.

다섯 가지 감각에 따른 다섯 가지 심상이 있어!
그런데 두 가지 심상이 함께 쓰일 수도 있다는 사실!

## 시각적 심상

**눈으로 색깔, 모양, 크기, 움직임을 직접 보는 듯한 느낌.**

> 시에 시각적 심상을 쓰면 실제 눈으로 보는 것 같은 느낌을 줘.

---

## 청각적 심상

**귀로 소리를 듣는 듯한 느낌.**

> 소리, 음성 등의 표현이 청각적 심상이야.

## 후각적 심상

**코로 냄새를 맡는 듯한 느낌.**

> 향기, 냄새 등의 표현이 후각적 심상이야.

## 📑 미각적 심상
혀로 맛을 보는 듯한 느낌.

> 짠맛, 신맛, 단맛, 쓴맛 등의 표현이 미각적 심상이야.

## 📑 촉각적 심상
피부에 닿는 듯한 느낌.

> 부드러움, 거침, 차가움, 뜨거움 등의 표현이 촉각적 심상이야.

## 📑 공감각적 심상
하나의 감각을 다른 감각으로 옮겨서 표현한 심상.

> 소리에서 빛깔이 느껴지거나 색깔에서 촉감이 느껴지는 표현이 공감각적 심상이야.

# 비유적 표현

원관념, 보조 관념, 직유법, 은유법, 의인법, 활유법, 대유법, 풍유법, 상징

; 표현하고 싶은 마음이나 사물을 다른 대상에 빗대어 표현하는 방법.

" 비유적 표현은 직접 표현하는 게 아니라 간접적으로 표현하는 거야.
비유적 표현을 쓰면 대상의 모습, 특징, 화자의 정서까지 생생하게 전달할 수 있어.

## 원관념 비유적 표현에서 시인이 표현하고 싶은 대상.

시에 원관념만 쓰면 너무 심심하니까 비유적인 표현이 필요해.

## 보조 관념 비유적 표현에서 빗대어 표현한 대상.

보조 관념은 원관념과 비슷한 점이 한 가지는 있어야 해.

## 🔖 직유법 '같이, 처럼, 듯' 등의 말로 원관념을 보조 관념에 직접 연결하는 비유법.

💬 보조 관념에 '같이, 처럼, ~와 같은' 등의 말이 붙으면 직유법이야.

## 🔖 은유법 'A는 B이다'의 형태로 원관념과 보조 관념을 은근히 짝짓는 비유법.

💬 'A는 B이다'에서 A는 원관념, B는 보조 관념이야.

🔖 **의인법** 사람이 아닌 것을 사람처럼 표현하는 비유법.

❝ 의인법을 사용하면 그 대상이 친근하게 느껴져.

🔖 **활유법** 무생물을 생물처럼 표현하는 비유법.

❝ 의인법은 사람처럼 표현하고, 활유법은 살아 있는 것처럼 표현하는 거야.

## 대유법 구체적인 사물로 그것이 속한 전체를 대신 표현하는 비유법.

음식을 밥이라고 표현하는 게 대유법이야.

## 풍유법 속담이나 격언 등을 인용하여 표현하는 비유법.

풍유법을 쓰면 교훈과 깨달음을 줄 수 있어.

# 상징 어떤 말이 사전에 나온 뜻 말고 다른 뜻을 담은 표현법.

> 상징에서 원관념과 보조 관념은 겉으로 보기에 비슷한 점이 별로 없어.
> 상징은 보통 원관념이 드러나지 않고 보조 관념만 드러나.
> 상징을 쓰면 복잡하고 어려운 개념을 간단하게 표현할 수 있어.

# 강조하기

과장법, 반복법, 영탄법, 점층법

; 생각이나 감정을 강조하여 표현하는 방법.

" 생각과 느낌을 강하게 전달하려면 어떻게 하지?
같은 말을 여러 번 되풀이하거나 과장해서 표현하면 강조할 수 있어.

## 과장법 사실을 크게 부풀리거나 반대로 줄여서 표현하는 방법.

❝ 과장법으로 표현하면 대상에 대한 느낌이 더욱 선명해지는 효과가 있어.

## 반복법 같거나 비슷한 말을 반복하여 표현하는 방법.

❝ 반복법을 쓰면 같은 말이 되풀이되니까 운율이 느껴져.

## ▶ 영탄법 기쁨이나 슬픔 등 감정을 있는 그대로 드러내는 표현법.

❝ 감탄사나 '-이여', '-구나' 같은 표현이 있으면 영탄법이야.

## ▶ 점층법 내용이 점점 보태져서 느낌이 커지고 강해지는 표현법.

❝ 점층법은 반복법과 비슷한데, 느낌이 더 커지고 강렬해지지.

# 변화 주기

▮ 대구법, 도치법, 설의법, 문답법, 반어법, 역설법

; 문장에 변화를 주어 새로운 느낌을 표현하는 방법.

" 시를 좀 매력적이고 개성적으로 표현하려면 어떻게 하지?
문장의 앞뒤를 바꾸거나 물어보는 형식으로 변화를 주면 돼.

## 대구법
구조가 비슷한 구절이나 문장을 대칭이 되게 표현하는 방법.

앞부분과 뒷부분의 문장 구조가 '~ 심은 데 ~ 나다'로 대구를 이뤄.

## 도치법
문장에서 말의 순서를 바꾸어 표현하는 방법.

도치법을 쓰면 인상적인 내용을 먼저 말할 수 있어.

## ▎설의법 말하고 싶은 내용을 상대방에게 물어보는 방법.

❝ 설의법으로 쓴 문장은 대답이 확실하게 정해져 있어서 대답이 필요 없어.

## ▎문답법 묻고 답하는 식으로 표현하는 방법.

❝ 설의법은 질문만 하는 건데, 문답법은 대답도 함께 쓰는 거야.

## 반어법 마음에 품은 생각과 반대로 표현하는 방법.

> 반어법이 사용된 표현은 전체 상황을 통해 그 뜻을 알 수 있어.

## 역설법 앞뒤 말이 이치에 어긋난 것처럼 보이지만, 그 안에 진실이 담긴 표현법.

> 역설법은 앞의 일과 뒤의 일 사이에 어떤 일이 있었는지 깊이 생각해 보면 그 의미를 이해할 수 있어.

# 시가

▶ 고대 가요, 향가, 고려 가요, 시조, 민요, 판소리, 동요, 동시

## 시와 노랫말.

" 시가 문학의 역사는 아주 오래되었어.
부족 국가 시대부터 나라의 큰 행사를 할 때나
개인적인 감정을 표현하고 싶을 때 노래를 지어 부르고 시를 썼지.

## 🔖 고대 가요
고대 부족 국가 시대부터 삼국 시대 초기까지 불린 노래.

❝ 고대 가요는 여럿이 함께 부른 노래도 있고, 한 사람이 부른 노래도 있어.

## 🔖 향가
한자를 빌어서 만든 향찰이라는 문자로 기록한 신라 시대의 노래.

❝ 향가는 주로 덕이 높은 스님들과 화랑들이 지어 불렀어.

## 고려 가요 고려 시대에 평민들이 주로 부른 노래.

고려 가요는 요즘 대중가요처럼 남녀 간의 사랑에 대한 내용이 많아.

## 시조 고려 말부터 등장해 현대까지 창작되는 우리 민족 고유의 정형시.

시조는 총 3장(3줄)에 글자 수는 45자 내외로 쓰는 정형시야.

## 🔖 민요 백성들 사이에서 저절로 생겨나서 불려 오던 전통 노래.

❝ 우리나라 대표적인 민요 「아리랑」은 지역마다 가사와 선율이 다 달라.

## 🔖 판소리 한 명의 소리꾼이 북장단에 맞추어 노래로 이야기를 들려주는 극음악.

❝ 판소리는 '심청가, 춘향가, 흥보가, 수궁가, 적벽가' 다섯 마당이 있어.

🔖 **동요** 어린이의 마음과 감정을 담은 어린이들의 노래.

❝ 동요는 노랫말의 글자 수가 마디마다 일정하게 맞추어져 있어.

🔖 **동시** 어린이의 마음과 감정을 표현한 시.

❝ 동시는 어른이 어린이들을 위해 쓴 게 많아.

# 말놀이

> 수수께끼, 언어유희

; 말을 주고받으면서 하는 놀이.

" 말놀이는 말로 장난치는 거랑 비슷해.
오늘은 어떤 말놀이를 하면서 놀까?
끝말잇기, 수수께끼, 스무고개 중에서 하나 골라 봐.

▌**수수께끼** 말소리나 모양을 빗대 사물에 대한 문제를 만들어 알아맞히는 놀이.

❝ 알쏭달쏭 수수께끼 놀이는 정말 재미있어.

▌**언어유희** 말소리가 비슷한 말을 이용하여 본래 뜻을 다르게 표현하는 말장난.

❝ 인기 개그맨이 되려면 언어유희를 잘해야 해.

사실인듯 사실 아닌 너

# 이야기

2

"
이야기 / 서술자 / 구성
인물 / 갈등 / 배경
옛날이야기(설화) / 희곡
시나리오
"

# 이야기

허구성, 진실성, 동화, 소설, 고전 소설, 현대 소설

**;** 어떤 사실이나 없는 일을 사실처럼 꾸며 재미있게 표현한 말과 글.

이야기는 일상적으로 하는 말들과 조금 달라.
주장하는 글이나 설명하는 글과도 달라.
이야기에는 누가 무엇을 어찌해서 어찌되었는지 연결되는 줄거리가 있어.

## ▎허구성 사실이 아닌 일을 사실처럼 꾸며서 만든 특성.

❝ 허구성은 새로운 세계를 상상하는 재미를 느끼게 해 줘.

## ▎진실성 삶의 참모습을 깨닫게 해 주는 특성.

❝ 꾸며낸 이야기라 하더라도 삶의 참모습을 전해 준다면 진실성이 있어.

## 🔖 동화 어린이의 마음으로 어린이를 위해서 상상하여 쓴 이야기.

❝ 동화를 읽으면 아름답고 순수한 마음을 가꿀 수 있어.

## 🔖 소설 현실에서 있음 직한 일을 작가가 상상하여 꾸며낸 이야기.

❝ 어린이를 위한 이야기는 동화! 청소년과 어른을 위한 이야기는 소설!

## 🔖 고전 소설  옛날에 쓰인 소설. 1900년대 이전에 쓰인 소설.

❝ 고전 소설은 작가가 밝혀진 작품도 있지만, 밝혀지지 않은 작품도 많아.

## 🔖 현대 소설  오늘날 쓰인 소설. 1900년대 이후에 쓰인 소설.

❝ 현대 소설은 누가 썼는지 작가가 대부분 밝혀져 있어.

# 서술자

> 서술자의 위치, 시점,
> 1인칭 주인공 시점, 1인칭 관찰자 시점,
> 3인칭 관찰자 시점, 전지적 작가 시점

**소설이나 동화에서 작가를 대신하여 이야기를 전해 주는 이.**

> 서술자는 작가가 아니라, 작가가 만들어 낸 사람이야.
> 서술자는 책 속 등장인물일 수도 있고, 아닐 수도 있어.

## ▌서술자의 위치 이야기에서 서술자가 있는 곳.

❝ 서술자의 위치는 이야기 속일 수도 있고, 밖일 수도 있어.

## ▌시점 이야기에서 서술자의 위치와 사건 및 인물에 대한 태도.

| 위치 \ 태도 | 속마음까지 밝힘 | 객관적으로 관찰 |
|---|---|---|
| 소설 속(1인칭) | 1인칭 주인공 시점 | 1인칭 관찰자 시점 |
| 소설 밖(3인칭) | 전지적 작가 시점 | 3인칭 관찰자 시점 |

❝ 시점은 서술자의 위치와 태도에 따라 총 네 가지로 나눌 수 있어.

## 1인칭 주인공 시점   서술자가 이야기 속에 등장하고 주인공인 시점.

❝ 1인칭 주인공 시점은 '나'가 '나'의 이야기를 들려주니까 친근하게 느껴져.

## 1인칭 관찰자 시점   서술자가 이야기 속에 등장하고 주변 인물인 시점.

❝ 1인칭 관찰자 시점은 '나'가 '다른 사람'의 이야기를 들려주니까 인물의 속마음까지는 알 수 없어.

## ▌3인칭 관찰자 시점
서술자가 이야기 밖에서 등장인물을 객관적으로 관찰하여 이야기하는 시점.

❝ 3인칭 관찰자 시점은 서술자가 등장인물의 속마음은 모르고, 말과 행동만 말해 주는 거야.

## ▌전지적 작가 시점
서술자가 신처럼 인물과 사건에 대해 다 알고 속속들이 이야기하는 시점.

❝ 전지적 작가 시점은 서술자가 등장인물의 속마음까지 다 말해 주는 거야.

# 구성

사건, 복선(암시), 발단, 전개, 절정, 결말

; 긴장감과 재미를 위해 사건들을 짜임새 있게 배열한 것.

한 사건 한 사건이 짜임새 있게 연결되어야 재미있고 짜릿하지.

" 이야기를 구성할 때는 사건을 시간 순서대로 배열하거나
원인과 결과의 관계로 배열할 수 있어.
이야기는 보통 발단, 전개, 절정, 결말이라는 4단계로 구성되어 있어.

## 🔖 사건 이야기에서 일어나는 일.

❝ 이야기 속에서 앞 사건과 뒤 사건은 서로 연결되어 있어.

## 🔖 복선(암시) 앞으로 다가올 상황에 대한 암시.

❝ 복선은 어떤 사건이 꼭 그렇게 될 수밖에 없었다는 느낌을 줘.

## 발단 인물과 배경이 소개되고, 사건의 실마리가 나타나는 단계.

❝ 발단에는 주인공이 누구고 언제, 어디에서 일어난 이야기인지 나와 있어.

## 전개 사건이 슬슬 진행되면서 인물 간의 갈등이 나타나는 단계.

❝ 전개는 이야기의 중심 사건이 본격적으로 시작되는 단계야.

▎**절정** 갈등이 최고조에 이르고 주제가 드러나는 단계.

❝ 절정은 문제가 해결되기 직전이라 긴장감이 최고야.

▎**결말** 갈등이 해소되고 주인공의 운명이 결정되면서 사건이 마무리되는 단계.

❝ 결말에서 주인공이 겪은 문제가 어떻게 해결되는지 알 수 있어.

# 인물

주인공(주동 인물), 경쟁자(반동 인물),
평면적 인물, 입체적 인물, 전형적 인물, 개성적 인물

> 이야기 속에 등장하여 말하고 행동하는 모든 이들.

> 이야기 속에 등장하여 사건에 관계하는 모든 이들이 인물이야.
> 이야기 속 인물에는 사람도 있고 동물도 있어.
> 인물들은 저마다 성격과 특징을 지니고 있어.

## 🚩 주인공(주동 인물) 이야기 속 중심 사건을 이끌어 가는 인물.

❝ 주인공 중에는 능력이 뛰어난 인물도 있지만, 그렇지 않은 인물도 있어.

## 🚩 경쟁자(반동 인물) 주인공에 반대하여 갈등을 일으키는 인물.

❝ 주인공을 괴롭히고 방해하는 경쟁자가 있으면 이야기가 더 흥미진진해지지.

## 🔖 평면적 인물 이야기의 처음부터 끝까지 성격이 변하지 않는 인물.

❝ 고전 소설이나 옛날이야기에 나오는 인물들은 대체로 평면적 인물이야.

## 🔖 입체적 인물 이야기가 진행되면서 성격이 변하는 인물.

❝ 요즘 나오는 소설이나 동화 속 인물들은 대체로 입체적 인물이야.

## ▎전형적 인물
성격이 어느 집단이나 계층을 대표하듯 틀에 박힌 인물.

❝ 영웅다운 영웅, 악당다운 악당을 전형적 인물이라고 해.

## ▎개성적 인물
자기만의 독특함을 가지고 성격이 톡톡 튀는 인물.

❝ 겁이 많은 영웅, 나쁜 짓을 할 때 주저하는 악당은 개성적 인물이야.

# 갈등

▰ 내적 갈등, 외적 갈등, 개인과 개인의 갈등, 개인과 사회의 갈등, 개인과 자연의 갈등, 개인과 운명의 갈등

**;** 생각이나 입장이 달라서 서로 대립하거나 다투는 상태.

" 인생은 갈등의 연속이야. 이야기에 갈등이 없으면 시시하고 재미가 없을 거야. 갈등이 어떻게 해결되는지 보면, 인생의 지혜를 얻을 수 있어.

## ▎내적 갈등
한 인물의 마음속에서 서로 다른 생각들이 다툴 때 나타나는 갈등.

❝ 내적 갈등은 쉽게 말하면 내 안의 또 다른 나와 다투는 거야.

## ▎외적 갈등
한 인물이 다른 사람이나 세상, 환경과 대립하여 나타나는 갈등.

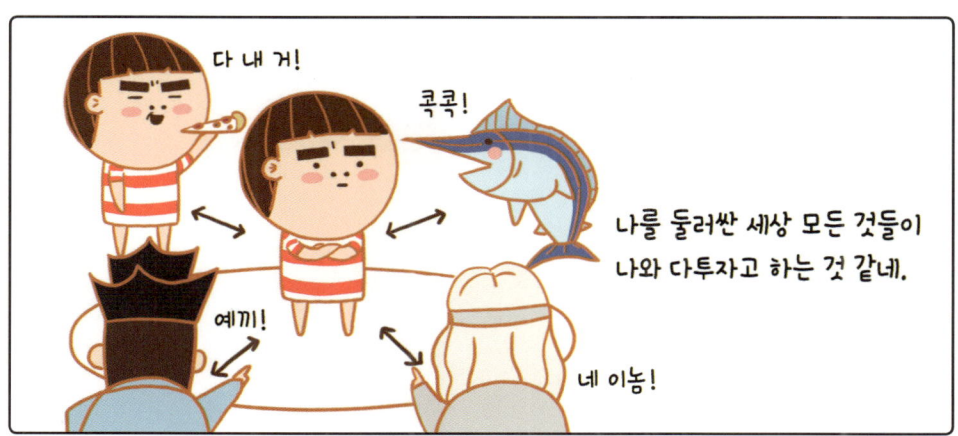

❝ 외적 갈등 중에는 주인공 혼자 힘으로는 해결할 수 없는 갈등도 많아.

## 개인과 개인의 갈등

한 인물과 다른 인물 사이의 갈등.

생각이나 살아온 환경이 다른 두 사람이 만나면 개인과 개인의 갈등을 겪지.

## 개인과 사회의 갈등

한 인물이 그가 속한 사회의 제도와 규칙 등에 의해 겪는 갈등.

규제가 많은 사회가 배경인 이야기에서는 개인과 사회의 갈등이 잘 나타나.

## 🏷 개인과 자연의 갈등

한 인물이 자연환경과 부딪쳐 싸우며 겪는 갈등.

❝ 개인과 자연의 갈등을 담은 작품을 읽으면, 새삼 자연의 위대한 힘을 느껴.

## 🏷 개인과 운명의 갈등

한 인물이 타고난 운명 때문에 일어나는 일로 겪는 갈등.

❝ 개인과 운명의 갈등에서 과연 인간은 운명을 거스를 수 있을까?

# 배경

시간적 배경, 공간적 배경

사건이 일어나는 구체적인 시간적·공간적 환경.

호랑이가 담배 피우던 시절에 일어난 이야기라고? 아주 먼 옛날이야기라는 뜻이구나.

이야기에서 배경이 나오는 단계는 발단이야.
배경이 구체적으로 나와야 이야기가 더욱 그럴듯하게 느껴져.
배경에 따라 이야기의 분위기와 느낌이 달라.

## ▶ 시간적 배경 사건이 벌어지는 때.

❝ 낮과 밤, 계절, 시대 등이 모두 시간적 배경이야.

## ▶ 공간적 배경 사건이 벌어지는 장소.

❝ 나라나 지역, 땅속, 바다, 산, 하늘, 시골, 도시, 건물 등이 모두 공간적 배경이야.

# 옛날이야기(설화)

구전, 비현실성, 우연성, 권선징악, 전래 동화(민담), 전설, 신화, 건국 신화

옛날부터 전해 내려오던 이야기. 전래 동화(민담), 전설, 신화 등.

옛날이야기를 '설화'라고도 해.
옛날이야기는 입에서 입으로 전해져 온 것이라 누가 지었는지 알 수 없어.
옛날이야기 중에는 현실에서 일어날 수 없는 내용이 많아.

## 🔖 구전 입에서 입으로 전해짐.

❝ 이야기가 구전되다 보면 내용이 보태지거나 빠지거나 달라져.

## 🔖 비현실성 현실에서는 일어나지 않는 상황이나 현실적으로 불가능한 특성.

❝ 용왕, 선녀, 산신령, 도깨비 등은 모두 옛날이야기의 비현실성을 드러내.

## 🔖 우연성 아무런 인과 관계 없이 갑자기 어떤 일이 일어나는 것.

❝ 옛날이야기에는 갑자기 호랑이가 나타나거나 뜻밖의 인물을 만나거나 하는 우연성이 많아.

## 🔖 권선징악 착한 사람은 복을 받고 나쁜 사람은 벌을 받는다는 뜻.

❝ 옛날이야기의 결말이 권선징악으로 끝나는 이유는 착하게 살라는 뜻이야.

## 🔖 전래 동화(민담) 평범한 인물들이 나와서 재미와 교훈을 주는 옛날이야기.

💬 우리나라 전래 동화에는 호랑이가 아주 많이 등장해.

## 🔖 전설 특정 지역의 구체적인 장소나 사물, 인물에 얽혀 전해 내려오는 이야기.

💬 전설의 주인공들은 슬프게도 결국 뜻을 이루지 못하는 경우가 많아.

## 🔖 신화 한 민족 사이에서 전해 오는 신과 영웅들의 이야기.

💬 신화는 한 민족이 공유하는 이야기여서 유대감과 자부심을 느끼게 해 줘.

## 🔖 건국 신화 한 나라를 처음 세운 왕의 일생 이야기.

💬 우리 민족의 첫 나라인 고조선의 건국 신화는 단군 신화야.

# 희곡

장, 막, 해설, 지시문(지문), 대사, 대화, 독백, 방백

## 연극의 대본.

희곡은 무대 위에서 배우들이 연기하기 위해 창작된 문학이야.
희곡은 무대에서 상연되기 때문에 영화처럼 많은 사람이 나올 수 없어.
희곡은 연극으로 상연된 걸 보지 않고 글로만 읽어도 재미있어.

### 🔖 장  등장인물의 등장과 퇴장으로 구분되는 희곡의 구성단위.

❝ 장이 바뀌면 등장인물과 배경도 바뀌는 경우가 많아.

---

### 🔖 막  장이 모여서 하나의 완결된 이야기를 갖춘 것.

❝ 커튼이 오르면 막이 시작되고, 커튼이 내려지면 막이 끝나.

■ **해설** 희곡의 첫머리에 때와 장소, 인물, 무대 장치 등을 설명한 부분.

❝ 해설은 막이 오르기 전, 무대와 인물에 대한 기본적인 내용을 담고 있어.

■ **지시문(지문)** 인물의 말과 행동, 무대 장치나 분위기 등을 지시한 부분.

❝ 지시문은 보통 괄호( ) 안에 들어가 있어.

## 대사 등장인물의 말.

연극의 사건은 등장인물의 대사와 행동을 통해 그 내용을 알 수 있어.

## 대화 둘 이상의 등장인물끼리 서로 주고받는 말.

연극에서는 등장인물들이 서로 대화를 주고받으며 사건을 진행해.

## 독백 등장인물이 상대역 없이 혼자 하는 말.

독백은 등장인물이 자기 생각과 느낌을 관객에게 알리는 거야.

## 방백 등장인물이 마음속으로 하는 말.

방백은 마음속 말이라서 상대역은 듣지 못하는 것처럼 연기해.

# 시나리오

장면(신), 스토리보드

; 영화나 드라마의 대본.

" 시나리오는 영화나 드라마를 촬영하기 위해 쓴 각본이야.
시나리오도 희곡처럼 대사와 지시문으로 쓰여 있어.
시나리오에는 한꺼번에 많은 사람이 나올 수도 있어.

## ▶ 장면(신, scene)
사건이 전개되는 하나의 시간과 공간으로 이루어진 영화의 구성단위.

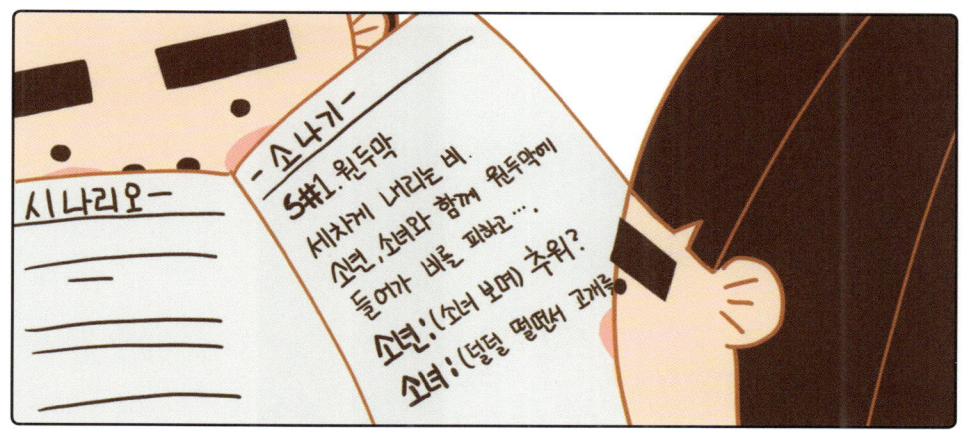

❝ S#는 '신 넘버'라고 읽고, 장면 번호를 뜻해.

## ▶ 스토리보드
영화의 주요 장면을 그림이나 사진 등으로 정리한 계획표.

❝ 영화 촬영 전에 스토리보드를 만들어 놓으면 장면을 어떻게 찍을지 꼼꼼히 준비할 수 있어.

# 3

하고 싶은 말,
쓰고 싶은 글, 다 있다

## 여러 가지 글

"
글
설명하는 글(설명문)
설득하는 글(논설문)
감정을 표현하는 글
"

# 글

▎ 글의 목적, 글의 갈래, 주제, 소재(글감), 글의 짜임, 비교·대조 짜임
　순서 짜임, 나열 짜임, 문제·해결 짜임, 원인·결과 짜임

; 생각이나 일어난 일들을 문자로 표현한 것.

❝ 즐겁고 신나는 일을 겪으면 그 내용을 표현하고 싶지?
말이나 그림, 그리고 글로 표현할 수 있어!

# 🚩 글의 목적 글을 쓴 이유나 의도.

❝ 우리는 설득하거나 설명하거나 감정을 표현하기 위해 글을 쓰지!

# 🚩 글의 갈래 여러 가지 글들을 어떤 기준으로 나눈 글의 종류.

❝ 글의 목적에 따라 글의 갈래를 나눌 수 있어.

## 🚩 주제 글의 중심 생각.

❝ 글의 주제는 글쓴이가 독자에게 꼭 하고 싶은 말이기도 해.

## 🚩 소재(글감) 글의 내용을 만드는 재료.

❝ 음식을 만들 때 재료가 필요한 것처럼 글을 쓸 때도 소재가 필요해.

## 글의 짜임
글의 소재를 주제와 목적에 맞추어 엮는 방식.

> 소재가 아무리 좋아도 글의 짜임이 엉성하면 좋은 글이 될 수 없어.

## 비교·대조 짜임
두 대상의 공통점과 차이점을 중심으로 설명하는 글의 짜임.

> 비교·대조 짜임의 글은 공통점과 차이점을 표로 정리하면 이해하기 쉬워.

## 🔖 순서 짜임 시간이나 공간의 순서에 따라 설명하는 글의 짜임.

❝ 순서 짜임의 글은 처음에 무엇을 했고, 그다음에 무엇을 했는지 순서대로 써.

## 🔖 나열 짜임 하나의 주제에 대해 몇 가지 특징을 늘어놓는 글의 짜임.

❝ 나열 짜임의 글은 '첫째, 둘째, 셋째' 등의 말을 붙여 중심 내용을 나열해.

▶ **문제·해결 짜임** 해결할 문제와 그에 대한 해결 방법을 제시하는 글의 짜임.

❝ 문제·해결 짜임의 글에는 문제를 해결하는 구체적인 방법이 있어.

▶ **원인·결과 짜임** 어떤 일의 원인과 결과를 분석하는 글의 짜임.

❝ 원인·결과 짜임의 글에서 원인과 결과는 여러 가지가 있을 수 있어.

# 설명하는 글(설명문)

▌ 설명 방법, 정의, 예시, 분석, 비교, 대조, 분류, 구분, 과정, 묘사, 소개문, 안내문, 보고문, 탐구 보고서, 체험 학습 보고서, 조사 보고서, 기록문, 관찰 기록문, 견학 기록문, 기행문, 여정, 견문, 전기문, 자서전, 기사문, 취재, 설문 조사, 면담(인터뷰), 육하원칙, 표제와 부제, 전문과 본문, 해설, 저작권, 출처

; 어떤 지식이나 정보를 이해하기 쉽게 객관적으로 전달하는 글.

❝ 설명문은 생각이나 느낌이 아니라, 있는 사실을 그대로 전달하는 글이야.
설명문의 소재는 가족, 역사, 동물, 음식 등 무궁무진해.

## 🔖 설명 방법 설명 대상을 알기 쉽게 표현하는 방법.

❝ 설명 방법은 정의, 분류, 비교, 대조 등 여러 가지가 있어.

## 🔖 정의 '무엇은 무엇이다' 라고 설명하는 방법. 뜻풀이.

❝ 사전에는 낱말의 뜻이 '정의'의 방법으로 설명되어 있어.

## 📑 예시 구체적인 예를 들어 설명하는 방법.

예시의 방법으로 설명할 때 '예를 들면'이라는 표현을 쓰기도 해.

## 📑 분석 대상을 부분으로 나누어 설명하는 방법.

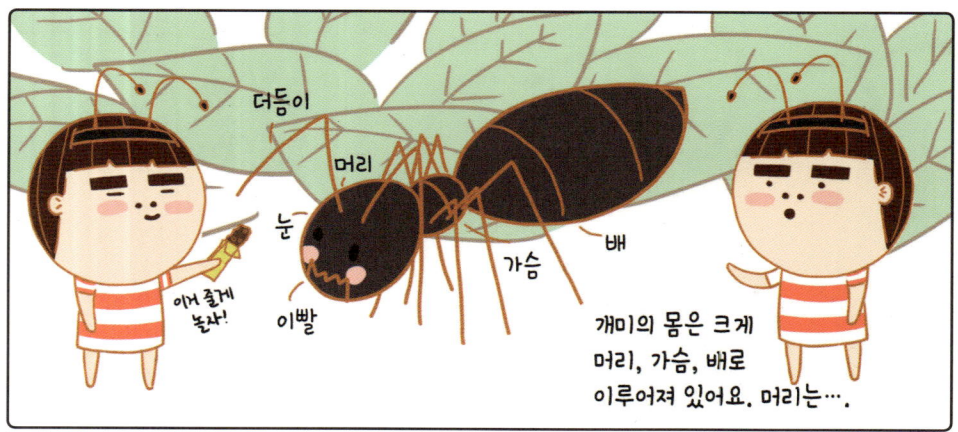

개미의 몸을 각 부분으로 나누어 하나씩 분석하면 자세히 설명할 수 있어.

🔖 **비교** 서로 다른 두 대상의 비슷한 점을 찾아 설명하는 방법.

❝ 잘 모르는 대상을 설명할 때는 잘 아는 대상과 비교해서 설명하면 좋아.

🔖 **대조** 비슷한 두 대상의 대비되는 점을 찾아 설명하는 방법.

❝ 대조의 방법으로 설명하면 대상의 특징을 정확히 전달할 수 있어.

# 🔖 분류 일정한 기준에 따라 종류별로 나누어 설명하는 방법.

💬 여러 가지가 뒤섞여 있으면 종류가 같은 것끼리 분류해서 설명하면 좋아.

# 🔖 구분 서로 다른 점을 기준으로 나누어 설명하는 방법.

💬 설명하는 두 대상이 비슷할 때는 다른 점을 구분해서 설명하면 좋아.

## 🏷️ 과정 어떤 일이 되어가는 차례나 모습을 설명하는 방법.

❝ 대상의 모습이 시간의 흐름에 따라 변한다면, 그 과정을 설명하는 것이 좋아.

## 🏷️ 묘사 어떤 대상을 그림을 그리듯이 생생하게 표현하는 방법.

❝ 대상의 생김새에 대해 설명할 때, 전체에서 부분으로 옮겨 가며 묘사하면 좋아.

## 🔖 소개문 사람이나 물건에 대한 정보를 알려 주는 글.

❝ 자기 소개문에는 이름, 성격, 취미, 특기, 꿈 등을 쓰면 돼.

## 🔖 안내문 시설 등을 편하게 이용하기 위해서 알아야 하는 내용을 간단하게 적은 글.

❝ 공공 기관이나 유적지에 가면 안내문을 쉽게 볼 수 있어.

## 🚩 보고문 일의 과정이나 연구한 결과를 사람들에게 알리는 글.

❝ 보고문을 쓰려면 먼저 주제에 대해 철저히 연구·조사부터 해야겠지?

## 🚩 탐구 보고서 실험이나 관찰, 탐사 등을 실행한 뒤 그 결과를 보고하기 위해 쓰는 글.

❝ 탐구가 실패해도 탐구 보고서에는 탐구 과정과 결과를 사실대로 써야 해.

## ▶ 체험 학습 보고서
현장 체험을 다녀온 뒤 체험 과정과 결과를 작성하여 보고하는 글.

체험 학습 보고서에 사진을 곁들이면 체험 내용을 더욱 생생히 전달할 수 있어.

## ▶ 조사 보고서
어떤 주제를 조사하고 난 뒤 조사 내용과 결과를 보고하는 글.

조사 방법에는 현장 조사, 설문 조사, 인터뷰, 자료 조사 등이 있어.

## 🔖 기록문 어떤 일이나 특정한 활동에 대해 그 내용 및 감상을 남기는 글.

❝ 조상들이 남긴 수많은 기록문 덕분에 과거 역사를 알 수 있어.

## 🔖 관찰 기록문 동물이나 식물, 자연 현상 등을 관찰하여 쓰는 글.

❝ 한 대상을 꾸준히 관찰해서 기록하다 보면 위대한 법칙을 발견할 수도 있어.

## 견학 기록문
특정한 장소를 견학한 뒤 보고 듣고 느낀 것을 기록한 글.

❝ 박물관 견학을 하고 나서 보고 배운 점을 기록해 두면 좋겠지?

## 기행문
여행하면서 보고 듣고 겪고 느낀 것을 자유롭게 쓴 글.

❝ 기행문은 일기, 편지, 보고문, 감상문 등 다양한 형식으로 쓸 수 있어.

## 🏷 여정 여행의 과정이나 일정.

❝ 기행문이니까 여행한 날짜와 시간, 장소 등의 여정을 꼭 써야겠지?

---

## 🏷 견문 여행지에서 겪은 일이나 보고 들은 것.

❝ 여행을 하면 견문을 넓힐 수 있어.

## 전기문
어떤 인물의 생애와 업적, 됨됨이 등을 사실에 바탕을 두어 기록한 글.

> 전기문은 이야기처럼 대화와 줄거리가 있지만, 실제로 있었던 사실이라는 점이 달라.

## 자서전
자신의 생애를 직접 쓴 전기문.

> 훌륭한 일을 한 사람만 자서전을 쓸 수 있는 건 아니야.

## 🔖 기사문 알릴 가치가 있는 사건이나 사실을 빠르고 정확하게 전달하기 위해 쓴 글.

❝ 사람들은 최근에 어떤 일이 일어났는지 알고 싶어서 신문 기사를 읽어.

## 🔖 취재 작품이나 기사를 쓰기 위해 필요한 자료를 모으거나 조사한 것.

❝ 직접 발로 뛰며 취재해야 생생한 기사를 쓸 수 있어.

## 설문 조사 통계 자료를 얻기 위해 사람들에게 의견을 묻는 것.

> 설문 조사 결과는 여러 가지 그래프로 나타낼 수 있어.

## 면담(인터뷰) 서로 만나서 얼굴을 보고 이야기하는 것.

> 면담하기 전에 상대방에게 면담하는 이유와 목적을 알려 줘야 해.

## 🔖 육하원칙
'누가, 언제, 어디에서, 무엇을, 어떻게, 왜'의 여섯 가지 기본 법칙.

💬 기사문은 보통 육하원칙으로 작성해.

## 🔖 표제와 부제
표제는 기사의 큰 제목. 부제는 작은 제목.

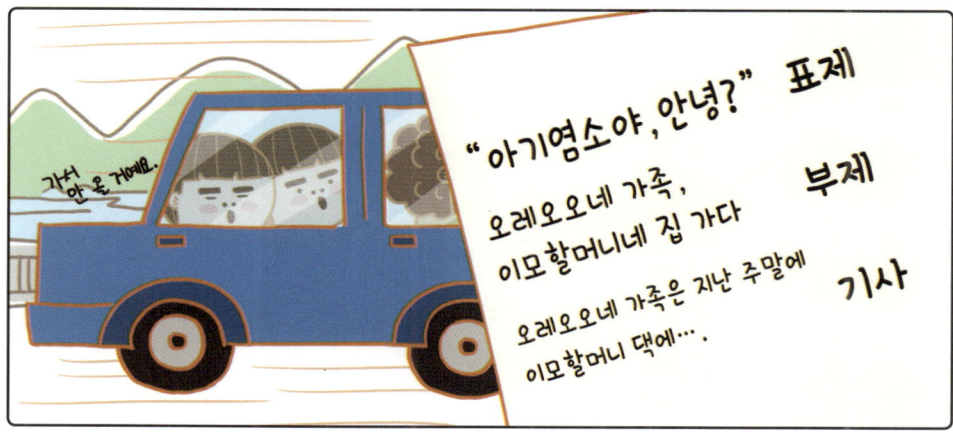

💬 표제는 기사에 관심을 갖게 하고, 부제는 기사 내용을 구체적으로 알려 줘.

# 전문과 본문
전문은 전체 기사 내용을 요약한 첫 문장. 본문은 자세하게 쓴 내용.

전문은 보통 한 문장으로 쓰고, 본문은 육하원칙에 따라 자세하게 써.

# 해설
기사에 대한 참고 사항이나 덧붙인 설명.

기사 본문 내용과 관련하여 더 알려 주고 싶은 사항은 해설로 덧붙여.

## ▌저작권 책, 음악, 영화, 게임 등의 창작물에 대해 그것을 만든 사람이 가지는 권리.

❝ 남의 글이나 사진, 영상, 노래 등을 허락 없이 쓰면 저작권 침해야.

## ▌출처 말이나 글, 사진 등의 창작물을 가지고 온 곳.

❝ 책의 출처를 밝힐 때는 [지은이, 『제목』, 출판사(출판된 날짜), 인용한 쪽수] 순으로 써야 해.

# 설득하는 글(논설문)

▌ 주장, 근거, 연설문, 광고문, 공익 광고, 기업 광고

❞ 어떤 문제에 관해 자기 생각이나 주장을 이치에 맞게 밝혀 쓴 글.

❝ 세상에는 해결해야 할 문제가 아주 많아.
'도로를 넓힐까, 말까?' 같은 사회적인 문제도 있고,
'청소할까, 말까?' 같은 개인적인 문제도 있어.
이런 문제들에 대해 자기 의견을 쓴 글이 논설문이야.

## 🚩 주장 어떤 문제에 관해 글쓴이가 내세우는 생각이나 입장.

❝ 문제는 하나지만, 주장은 사람마다 다를 수 있어.

## 🚩 근거 주장을 뒷받침하는 내용.

❝ 상대방을 설득하려면 근거가 타당해야 해. 세 번째 이유는 주장과 별 관련이 없는 것 같아.

## 🔖 연설문 많은 사람 앞에서 연설하고자 하는 내용을 미리 쓴 글.

❝ 연설문을 다 쓰면 원고를 외우고 연설 연습도 충분히 해야 자신감이 생겨.

## 🔖 광고문 소비자나 사용자에게 정보를 알려 주며 설득하는 글.

❝ 광고문을 읽을 때는 부풀린 내용은 없는지 꼼꼼히 따져 봐야 해.

## 🏷 공익 광고  나라와 국민 모두의 이익을 위해 가치 있는 내용을 알리는 광고.

💬 공익 광고는 더 좋은 세상을 만들기 위해 모두가 지켜야 할 일을 알려 줘.

## 🏷 기업 광고  기업에 대해 좋은 느낌이 들게 하기 위해 기업 자체를 알리는 광고.

💬 기업들은 상품 광고(상업 광고) 못지않게 기업 광고를 아주 중요하게 생각해.

# 감정을 표현하는 글

일기, 반성, 생활문, 개성적, 편지, 안부, 사연, 서명, 독후감, 서평, 시(12쪽), 이야기(50쪽)

; 글쓴이의 감정과 경험 등을 표현하여 읽는 이에게 감동을 주는 글.

" 우리는 살면서 여러 가지 경험을 하고 다양한 감정을 느껴.
기쁨, 슬픔, 뿌듯함, 실망, 희망, 좌절, 흐뭇함, 화…
이런 감정과 경험을 시, 이야기, 일기, 편지 등의 글로 표현할 수 있어.

## 🏷 일기 그날그날 겪은 일이나 생각, 느낌 등을 솔직하게 쓴 글.

❝ 일기는 남에게 보이기 위한 글이 아니라 나를 반성하기 위해 쓰는 글이야.

## 🏷 반성 자신의 마음이나 말, 행동 등을 돌아보는 것.

❝ 잘못한 일을 뉘우치는 것만 반성이 아니라, 말과 행동을 다시 생각해 보는 것도 반성이야.

## 🔖 생활문 생활 속에서 직접 체험한 일을 실감 나게 쓴 글.

❝ 생활문은 이야기와 비슷한데, '나'가 글쓴이 자신이라는 점이 달라.

## 🔖 개성적 글쓴이의 생각, 느낌, 가치관, 경험 등 개인적인 특성이 글에 드러나는 것.

❝ 생활문은 겪은 일을 솔직하게 쓰기 때문에 글쓴이의 개성을 느낄 수 있어.

## 🔖 편지 안부와 소식을 전하기 위해 상대방에게 대화하듯 쓴 글.

❝ 직접 말하기 부끄럽거나 멀리 있는 친구에게는 편지를 써서 마음을 전해.

## 🔖 안부 편안하게 잘 지내는지 소식을 전하고 묻는 일.

❝ 편지는 첫부분에 마치 대화를 나누는 것처럼 인사를 하고 안부를 물어.

## 📑 사연 편지를 쓴 목적과 주요 내용.

❝ 사연은 하고 싶은 말을 솔직하고 분명하게 쓰는 거야.

## 📑 서명 편지의 끝에 자기 이름을 써넣은 것.

❝ 나만의 개성적인 글씨체로 서명을 하면 자신을 더 잘 드러낼 수 있어.

## ▌독후감 책을 읽고 그에 대한 생각과 느낌을 중심으로 쓴 글.

❞ 책을 읽으며 떠오르는 생각이나 감정을 메모해 두면 독후감을 쓸 때 도움이 돼.

## ▌서평 책을 읽고 내용과 특징을 소개하고 평가하는 글.

❞ 독후감은 읽는 이의 느낌 위주로 쓰고, 서평은 책에 대한 평가 위주로 써.

# 4

어쩌고저쩌고,
이러쿵저러쿵

# 의사소통

(듣기 / 말하기 / 읽기 / 쓰기)

> 의사소통 / 대화
> 발표 / 토론 / 토의
> 언어 예절
> 읽기 / 쓰기

# 의사소통

화자, 청자, 언어적 소통, 반(半)언어적 소통, 비(非)언어적 소통, 의사소통 수단, 대중 매체, 인쇄 매체, 방송 매체, 통신 매체

; 서로 생각이나 느낌, 정보 등을 주고받는 일.

의사소통의 방식은 아주 다양해. 직접 얼굴을 보고 소통하기도 하고, TV나 전화, 인터넷 같은 매체를 이용하기도 해.

▎**화자** 의사소통에서 말하거나 쓰는 사람.

❝ 화자는 내용을 보내는 쪽이라는 뜻에서 '발신자'라고도 해.

▎**청자** 의사소통에서 듣거나 읽는 사람.

❝ 청자는 내용을 받는 쪽이라는 뜻에서 '수신자'라고도 해.

## 언어적 소통 말과 글로 의사소통을 하는 것.

> 동물들도 소통을 하지만, 인간과 같은 언어적 소통은 아니야.

## 반(半)언어적 표현 말의 느낌을 나타내는 목소리의 크기, 빠르기, 높낮이, 말투 같은 것.

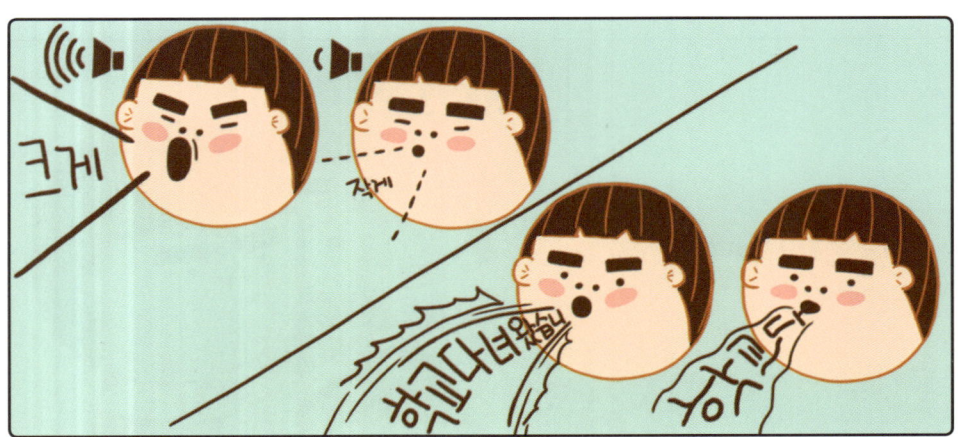

> 반(半)언어는 언어의 성격을 반만 가진 거야.
> 반언어적 표현을 쓰면 말의 느낌을 효과적으로 전할 수 있어.

## ▍비(非)언어적 표현 말과 글이 아닌 몸짓이나 표정 등으로 생각을 나타내는 것.

❝ 비언어적 표현을 쓰면 상대의 시선을 끌 수 있어.

## ▍의사소통 수단 의사소통을 가능하게 하는 여러 가지 수단.

❝ 의사소통 수단은 언어부터 시작해서 인터넷까지 점점 발달하고 있어.

## 🔖 대중 매체 많은 사람에게 대량의 정보를 전달하는 매체.

❝ 대중 매체에는 신문, 잡지, 텔레비전, 영화, 인터넷 등이 있어.

## 🔖 인쇄 매체 신문이나 잡지, 책처럼 활자로 인쇄되어 나온 매체.

❝ 신문이나 잡지는 최근 소식을 전해 주고, 책은 깊은 지식을 전해 줘.

## ▶ 방송 매체 라디오나 텔레비전처럼 전파를 사용하는 매체.

❝ 방송은 다양한 프로그램을 통해 정보와 즐거움을 모두 전해 줘.

## ▶ 통신 매체 전화나 휴대폰, 인터넷처럼 주파수를 이용하는 매체.

❝ 인터넷 같은 통신 매체 덕분에 멀리 있는 친구와도 편하게 연락할 수 있어.

# 대화

화제, 대화 상황, 감사, 사과, 제안, 수락, 부탁, 거절, 격려, 위로, 칭찬, 충고

; 서로 마주하고 이야기를 주고받는 의사소통 방식.

" 우리는 생활 속에서 많은 사람과 다양한 대화를 나눠.
대화를 할 때는 자기 말만 하지 말고 상대의 말에도 귀를 기울여야 해.

## 🔖 화제 대화에서 말하려는 중심 내용.

❝ 화제에서 벗어난 이야기를 하면 상대방이 이해할 수 없어.

## 🔖 대화 상황 감사, 제안, 수락, 거절, 격려, 칭찬 등 목적과 의도가 있는 대화의 과정.

❝ 메달을 딴 걸 축하하는 상황에서 웬 금 타령? 대화 상황에 적합한 말을 해야지.

## 감사 상대에게 고마움을 나타내는 것.

> 감사의 마음을 전할 때는 말로 직접 표현하는 게 좋아.

## 사과 자기 잘못을 인정하고 용서를 비는 것.

> 진심으로 사과하고 싶다면 잘못부터 반성해야 해.

## 📌 제안 어떤 일을 이로운 쪽으로 해결하기 위해 의견을 내는 것.

❛ 제안할 때는 이유도 말해야 더 잘 설득할 수 있어.

## 📌 수락 요구나 제안을 받아들이는 것.

❛ 상대가 제시한 조건이 이로운지 따져 보고 제안을 수락할지 결정해.

## 🔖 부탁 어떤 일을 남에게 해 달라고 하거나 맡기는 것.

❝ 부탁할 때는 상대가 들어줄 수 있는 부탁인지 생각해 봐야 해.

## 🔖 거절 상대편의 요구, 제안, 선물, 부탁 등을 받아들이지 않고 물리침.

❝ 거절할 때는 상대의 기분이 상하지 않게 배려해야 해.

## 🔖 격려 힘이나 용기가 솟아나도록 북돋워 주는 것.

❝ 격려의 말을 들으면 실패해도 다시 도전할 마음이 생겨.

## 🔖 위로 따뜻한 말로 괴로움을 덜어 주거나 슬픔을 달래 주는 것.

❝ 슬플 때 위로해 주는 친구가 좋은 친구야.

## 🔖 칭찬 좋은 점을 높이 평가하거나 잘한다고 하는 것.

❝ 좋은 점, 훌륭한 점을 구체적으로 콕 집어서 칭찬해.

## 🔖 충고 남의 잘못을 타이르거나 어떻게 고칠지 알려 주는 것.

❝ 나를 진심으로 위하는 친구가 충고하는 말은 새겨들어야 해.

# 발표

▌ 발언, 소개, 연설, 시청각 자료

; 어떤 일이나 사실, 생각을 여러 사람에게 말하는 것.

「 친구들 앞에서 발표하려면 좀 떨리기도 할 거야.
발표하기 전에 꼼꼼히 준비하면 자신감이 생겨.

## 🔖 발언 토론이나 토의 등 공식적인 자리에서 의견을 말하는 것.

❝ 회의 때 할 말이 있다면, 발언 기회를 얻은 다음 말해야 해.

## 🔖 소개 사람이나 물건에 관해 남에게 알려 주는 것.

❝ 소개할 때 소개하는 대상을 직접 보여 주면 더 쉽게 이해시킬 수 있어.

## 연설 많은 사람 앞에서 자신의 주장을 말하는 것.

❝ 연설할 때는 정해진 시간을 지키는 것도 중요해.

## 시청각 자료 사진, 영상, 음성 등 시각과 청각을 통해 정보를 전달하는 자료.

❝ 시청각 자료를 활용하면 내용을 생생하게 전달할 수 있어.

# 토론

논제, 토론 절차, 입론, 반론, 최후 변론, 오류, 사회자, 토론자, 판정단, 청중

> 어떤 문제에 대해 찬성과 반대로 나누어 각각 의견을 말하며 논의하는 것.

> 찬반이 나뉘는 문제는 양쪽 입장을 모두 들어 봐야겠지?
> 토론을 통해 어느 쪽 주장이 더 타당한지 판단해 보면 의사 결정에 도움이 돼.

## 논제 토론에서 논의하고자 하는 문제.

토론 논제는 '사실 논제(1번), 가치 논제(2번), 정책 논제(3번)'로 나눌 수 있어.

## 토론 절차 토론을 하는 순서와 방법.

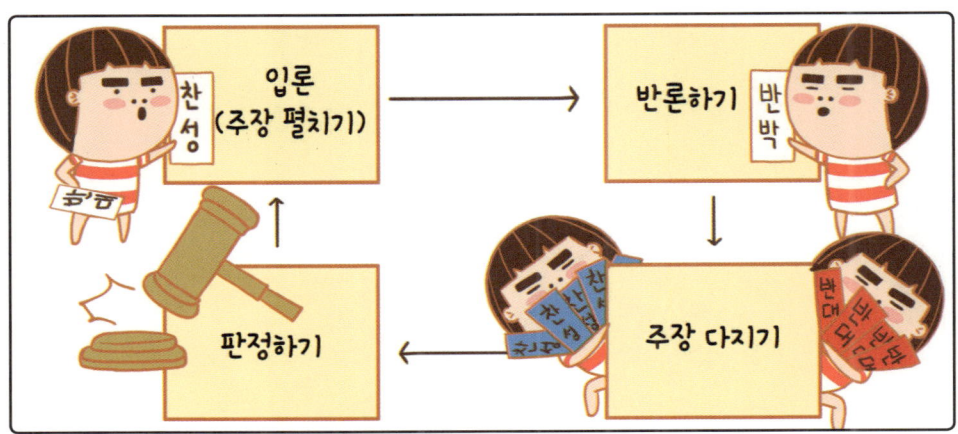

토론이 말싸움이 되지 않으려면 토론 절차를 지키고 예의를 갖춰야 해.

▎**입론** 토론에서 찬성 측과 반대 측이 자신의 주장을 펼치는 것.

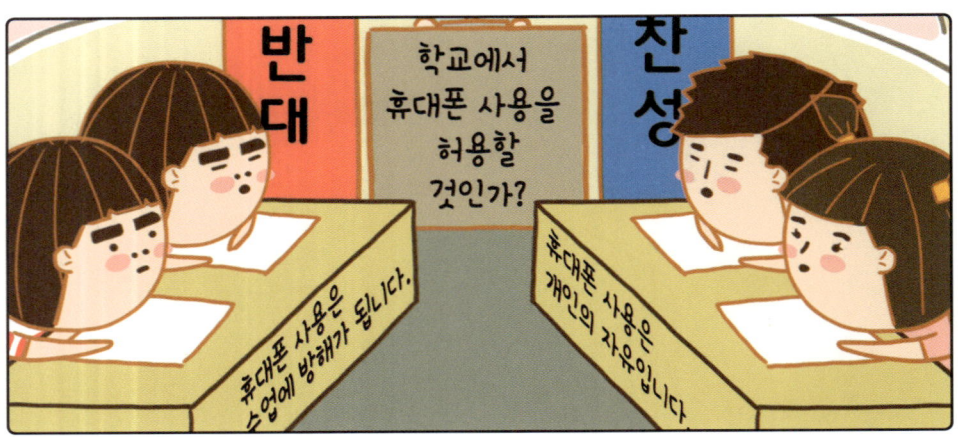

❝ 입론은 보통 찬성 측부터 시작해.

▎**반론** 상대편의 주장과 근거, 자료 등에서 문제와 오류를 찾아 따지는 것.

❝ 무조건 상대방 주장을 반박하는 게 아니라, 그 이유가 분명해야 해.

## 🔖 최후 변론  토론에서 찬성 측과 반대 측이 자신의 주장을 다시 한번 강조하는 것.

❝ 마지막으로 청중을 확실히 설득하기 위해 최후 변론을 해.

---

## 🔖 오류  주장의 앞뒤가 맞지 않는 것.

❝ 유명하거나 힘 있는 사람이 한 말이기 때문에 옳다고 여기는 건 오류야.

## 🔖 사회자  토론을 진행하는 사람.

❝ 사회자는 토론 중 질문과 발언을 요약하면서 토론을 원활하게 진행시켜.

## 🔖 토론자  토론에 직접 참여하여 찬성, 혹은 반대 의견을 주장하는 사람.

❝ 토론자들은 서로 비꼬거나 욕을 하거나 함부로 끼어들면 안 돼.

■ **판정단** 토론에서 찬성과 반대의 승패를 가리는 사람들.

❝ 판정단은 주장과 근거의 타당성을 잘 따져서 최종 결정을 해야 해.

■ **청중** 토론, 연설, 발표, 연주회 등을 듣기 위해 모인 사람들.

❝ 어떤 문제에 대해 판단이 서지 않으면 토론에 청중으로 참석해 봐.

# 토의

의제, 회의, 재청, 다수결, 의장, 서기

; 어떤 문제를 해결하기 위해 여럿이 함께 의논하는 것.

" 함께 해결해야 할 문제는 토의를 통해 의견을 나눌 수 있어. 최선의 해결책을 찾기 위해 다양한 의견을 나눌 뿐만 아니라, 소수의 의견도 존중해야 해.

## 의제 토의에서 해결하고자 하는 문제.

여러 사람이 함께 해결책을 찾아야 하는 문제가 토론의 의제로 적당해.

## 회의 여러 사람이 모여 어떤 일에 대해 다양한 의견을 나누는 것.

학급의 일은 학급 회의를 열어서 결정하는 게 민주적이야.

🔖 **재청** 회의에서 다른 사람의 의견에 찬성할 때 쓰는 말.

❝ 회의에서, 앞서 말한 사람과 생각이 같다면 '재청합니다'라고 말하면 돼.

🔖 **다수결** 의견을 하나로 모으기 위해 많은 사람이 지지하는 의견으로 결정하는 것.

❝ 다수결로 결정한 의견이 반드시 좋다고는 말할 수 없지만, 정해지면 일단 따라야 해.

## 🔖 의장 회의를 대표하고 진행하는 사람.

❝ 회의에서 의장은 토론의 사회자 같은 역할을 해.

## 🔖 서기 회의 내용 및 진행 과정 등을 기록하는 사람. 기록자.

❝ 서기는 회의 내용을 마음대로 고치거나 삭제해서는 안 돼.

# 언어 예절

▌ 에티켓, 인사말, 높임말, 유행어, 비속어, 은어

; 의사소통에서 서로 존중하며 품위 있는 말을 쓰는 것.

버릇없이 말하거나 욕설을 섞어 쓰는 사람과는 대화하고 싶지 않아. 친한 사람이든 아니든 말을 할 때는 언어 예절을 지켜야 해.

## 🔖 에티켓 사람들과의 만남에서 기본적으로 갖춰야 하는 바른 몸가짐.

❝ 에티켓은 문화마다 다르지만, 공통적으로 지켜야 하는 에티켓도 있어.

---

## 🔖 인사말 만나거나 헤어질 때 예의를 표하는 말.

❝ 인사를 잘하면 예의 바른 사람이라는 인상을 심어 줄 수 있어.

## 높임말 사람이나 사물을 높이는 말.

> 높임말을 쓸 때는 공경하는 마음이 담겨 있어야 해.

## 유행어 짧은 시기 동안 사람들 사이에서 많이 쓰이는 새로운 말.

> 유행어는 신선한 느낌을 주고, 대화를 재미있게 이끌어 줘.

## 🔖 비속어 예의 없이 대상을 낮추거나 품위 없이 천한 말.

❝ 비속어를 자주 쓰면 마음까지 거칠어져.

## 🔖 은어 다른 사람들은 알아듣지 못하도록 자기들끼리만 사용하는 말.

❝ 은어는 알아듣는 사람에게는 유대감을 갖게 하지만, 못 알아듣는 사람에게는 소외감을 느끼게 해.

# 읽기

낭송, 정독, 띄어 읽기, 요약하기, 짐작하기, 추론하기

; 문자를 통해 글을 쓴 사람과 읽는 사람이 의사소통하는 것.

' 책을 읽는다는 건 무슨 뜻일까? 눈으로 글자를 읽는 것?
책을 읽는다는 건 책 속 인물들과, 작가와, 세상과 대화를 나누는 거야.

## 🏷 낭송 글을 소리 내어 읽기.

❝ 감정을 실어서 낭송하면 내용을 더 잘 표현할 수 있어.

## 🏷 정독 뜻을 새기며 자세히 읽기.

❝ 책을 읽을 때 중요한 내용에 밑줄을 긋거나 궁금한 점, 생각한 점 등을 메모하며 읽으면 정독할 수 있어.

## 🔖 띄어 읽기 어절, 문장, 의미 단락 등으로 띄어 읽는 것.

" 적당히 띄어 읽어야 내용을 이해할 수 있어.

## 🔖 요약하기 책을 읽을 때 중심 내용을 간추리며 읽는 것.

" 반복되거나 예를 든 내용은 넘어가고, 중요한 내용만 연결하며 요약해.

## 짐작하기 앞으로 나올 내용이나 글에 나오지 않은 내용을 예상하며 읽는 것.

❝ 글의 제목이나 목차, 소재 등을 통해 나오지 않은 내용을 짐작하며 읽어.

## 추론하기 글의 앞뒤 사실을 근거로 직접 드러나지 않은 부분을 생각하며 읽는 것.

❝ 왜 그런지 추론하며 읽으면 글의 주제를 더 잘 파악할 수 있어.

# 쓰기

글쓰기 과정, 계획하기, 개요 짜기(내용 조직하기), 표현하기, 문단 나누기, 고쳐 쓰기

경험한 일이나 생각을 단어와 문장으로 연결해 표현하는 활동.

경험이나 생각을 다른 사람에게 전하려면 어떻게 해야 할까? 글로 쓰면 내용을 좀 더 정확하고 체계적으로 정리할 수 있어.

## ▎글쓰기 과정 글을 쓰는 순서와 방법.

❝ 요리 순서를 지키는 것처럼 글쓰기 순서를 지켜야 좋은 글을 쓸 수 있어.

## ▎계획하기 글을 쓰기 전에 글을 쓰는 목적과 주제, 글을 읽는 사람 등을 정하는 것.

❝ 내 글을 누가 읽을지 생각하며 글쓰기를 계획하면 목적이 분명한 글을 쓸 수 있어.

# 개요 짜기(내용 조직하기)
**떠올린 내용을 글의 짜임에 맞게 조직하는 것.**

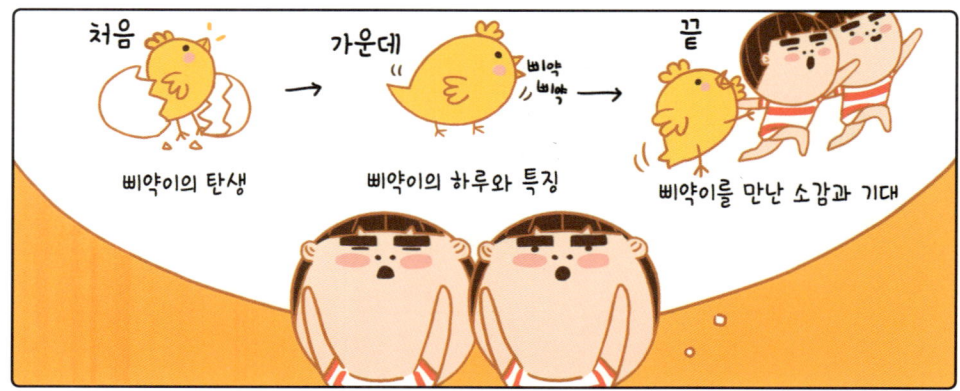

> 어떤 내용을 어느 부분에 쓸지 개요를 짜면 일관성 있는 글을 쓸 수 있어.

# 표현하기
**개요를 바탕으로 글의 내용을 글자로 쓰는 것.**

> 글쓰기는 정확한 어휘와 간결한 문장을 사용해서 표현해.

## 🔖 문단 나누기 : 글에서 하나의 중심 생각이 하나의 덩어리가 되게 나누는 것.

| 문단 나누기 X | 문단 나누기 O |
|---|---|
| … 달걀 껍질이 지진이 난 것처럼 갈라져 있었어요. 나는 숨죽이고 그 다음 어떤 일이 벌어질지 기다렸어요. 잠시 후, 삐약이 부리가 뾰족 나왔어요. | … 달걀 껍질이 지진이 난 것처럼 갈라져 있었어요. 나는 숨죽이고 그 다음 어떤 일이 벌어질지 기다렸어요.<br><br>　잠시 후, 삐약이 부리가 뾰족 나왔어요. |

💬 문단을 나눌 때는 줄을 바꾸고 한 칸을 들여쓰면 돼.

## 🔖 고쳐 쓰기 : 자신이 쓴 글을 다시 읽으며 잘못된 부분이나 어색한 부분을 고치는 것.

| 고쳐 쓰기 전 | 고쳐 쓰기 후 |
|---|---|
| 아침에 기분이 이상해서 부화기를 보았더니 달걀 껍질이 지진이 난 것처럼 갈라져 있었어요. 나는 숨죽이고 그 다음 어떤 일이 벌어질지 기다렸어요. | 아침에 기분이 이상해서 부화기를 보았더니 달걀 껍데기가 지진이 난 것처럼 갈라져 있었어요. 나는 숨죽이고 그 다음 일을 기다렸어요. |

💬 글을 다 쓰면 맞춤법, 어휘, 내용 등을 검토하며 고쳐 쓰기를 해야 해.

# 5

말과 글에도
나름의 규칙이 있다

# 문법

> 문법 / 언어의 특징
> 언어의 기능 / 음운
> 음운의 변동 / 품사
> 낱말의 형성 / 문장
> 문장의 종류 / 어휘의 관계

# 문법

; 언어마다 그 언어를 사용하는 규칙.

❝ 문법은 말소리에 관한 것, 낱말에 관한 것, 문장에 관한 것 등이 있어. 문법을 잘 알고 지켜야 뜻을 제대로 표현하고 전달할 수 있어.

# 언어의 특징

> 기호성, 자의성, 사회성, 역사성, 법칙성(규칙성), 창조성

; 언어가 공통적으로 가지고 있는 특징.

" 언어가 없으면 생각과 느낌을 제대로 표현하고 전달할 수 없어. 이렇게 중요한 언어는 어떤 특징이 있을까?

## 🔖 기호성
언어는 뜻과 말소리(또는 문자)가 결합된 기호로 나타난다는 특징.

❝ '나무'라는 글자는 뜻과 소리가 결합된 기호야.

---

## 🔖 자의성
언어에서 뜻과 말소리는 서로 특별한 관계가 없다는 특징.

❝ 뜻은 뜻대로 말소리는 말소리대로 따로 논다고 생각하면 돼. 그래서 🌳는 어떤 언어에서는 [나무], 또 다른 언어에서는 [tree(트리)]가 될 수 있어.

## 🔖 사회성 언어는 사람들의 약속이기 때문에 마음대로 바꿀 수 없다는 특징.

💬 연필을 지우개라고 말하면 언어의 사회성을 깨뜨리는 거나 다름없어.

## 🔖 역사성 시간의 흐름에 따라 언어가 변한다는 특징.

💬 '어여쁘다'는 '불쌍하다'는 뜻에서 '예쁘다'는 뜻으로 변한 거야. 이것은 언어의 역사성을 보여 줘.

## 🚩 법칙성(규칙성) 모든 언어에는 일정한 규칙이 있다는 특징.

❝ 낱말과 문장을 만드는 법칙을 어기면 말이 이상해져.

## 🚩 창조성 아주 많은 단어와 문장을 만들 수 있다는 특징.

❝ 언어는 창조성이 있어서 아름다운 시와 재미있는 이야기를 무궁무진하게 지을 수 있어.

# 언어의 기능

▌ 정보적 기능, 명령적 기능, 친교적 기능, 정서적 기능

; 자신이 말하고자 하는 의도와 목적에 따라 언어의 쓰임이 달라지는 것.

❝ 언어에는 다양한 기능이 있어서 상황과 목적에 맞게 쓰는 것이 중요해.
그런데 선물을 주면서 비싼 거라고 말하면 친구가 되려는 목적에 맞는 걸까?

## ▌정보적 기능 어떤 대상에 대한 정보를 얻거나 전달하는 것.

❝ 설명서, 안내도, 요리법 등의 글은 정보적 기능을 가지고 있어.

## ▌명령적 기능 상대방이 어떤 행동을 하도록 말로 요구하는 것.

❝ "아, 춥다.", "춥지 않아?", "문 좀 닫아 줄래?" 등은 표현이 다르지만, 모두 문을 닫아 달라는 명령적 기능이 있어.

## 🔖 친교적 기능 상대방과 친밀한 관계를 만들고자 하는 것.

❝ 인사는 친교적 기능이 있어서 상대방에게 호감을 주고 마음을 부드럽게 녹여 줘.

---

## 🔖 정서적 기능 감정이나 태도를 말로 표현하는 것.

❝ 표정, 말투, 억양을 통해서도 언어의 정서적 기능을 실현할 수 있어.

# 음운

> 모음, 자음, 단모음, 이중 모음, 양성 모음, 음성 모음, 예사소리, 된소리, 거센소리, 울림소리

; 말의 뜻을 구별해 주는 소리의 가장 작은 단위.

' 소리를 쪼개고 쪼개 더 이상 쪼개지지 않는 가장 작은 소리가 음운이야. 음운은 글자로 표시되는 자음과 모음, 글자로 표시되지 않는 억양이나 소리의 길이 등이 있어.

🚩 **모음** 공기가 입안에서 발음 기관의 방해를 받지 않고 나는 소리.

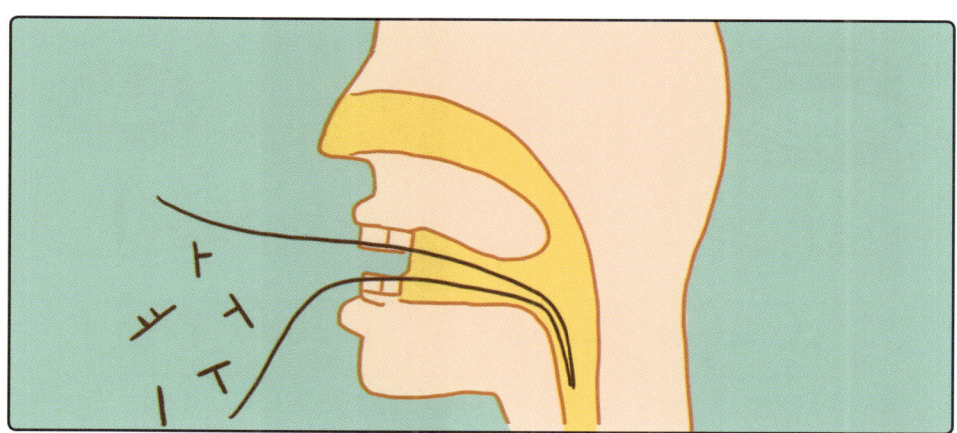

💬 모음은 자음 없이 홀로 소리를 낼 수 있어서 '홀소리'라고도 해.

🚩 **자음** 공기가 입안에서 발음 기관의 방해를 받고 나는 소리.

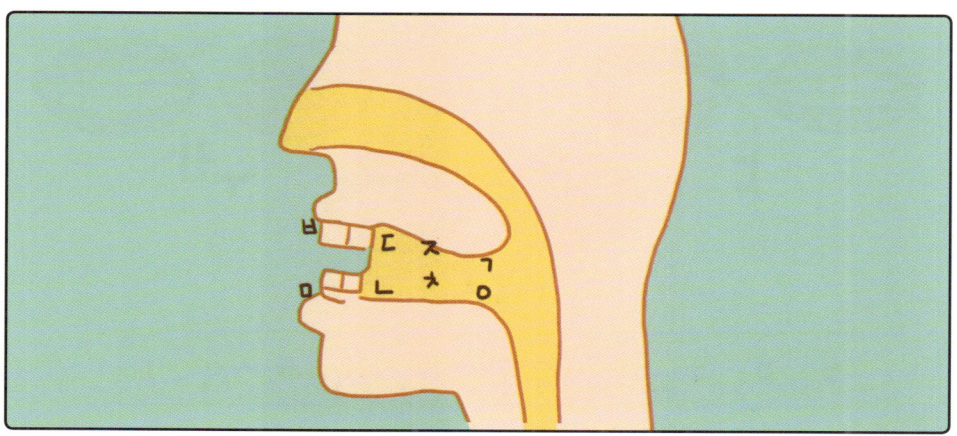

💬 자음은 모음에 닿아야 소리를 낼 수 있어서 '닿소리'라고도 해.

▎ **단모음** 발음하는 동안 입술이나 혀가 움직이지 않는 모음.

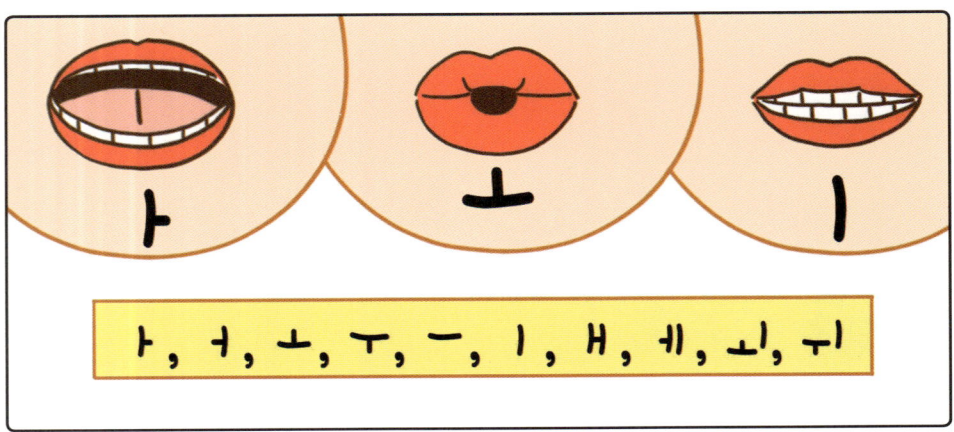

ㅏ, ㅓ, ㅗ, ㅜ, ㅡ, ㅣ, ㅐ, ㅔ, ㅚ, ㅟ

❝ 단모음은 입술 모양을 둥글게 오므려서 내는 소리(ㅜ, ㅗ, ㅟ, ㅚ)와 옆으로 펴서 내는 소리(ㅏ, ㅓ, ㅡ, ㅣ, ㅐ, ㅔ)로 나눌 수 있어.

▎ **이중 모음** 발음하는 동안 입술이나 혀가 움직이는 모음.

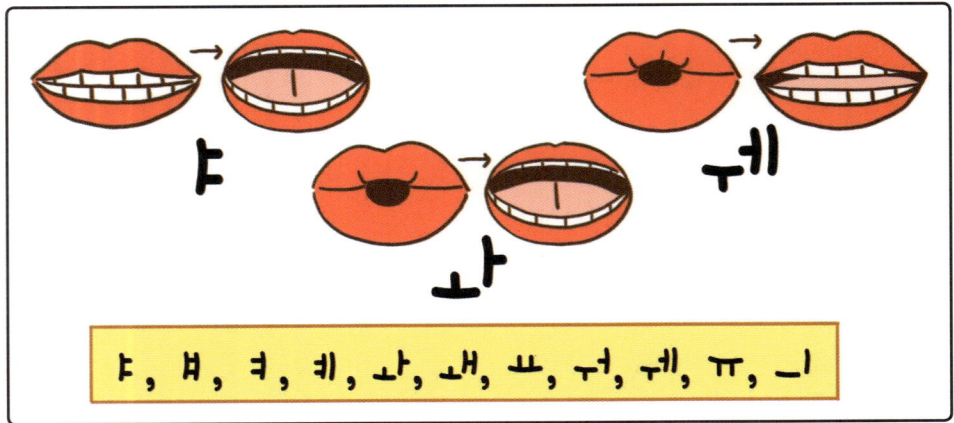

ㅑ, ㅒ, ㅕ, ㅖ, ㅘ, ㅙ, ㅛ, ㅝ, ㅞ, ㅠ, ㅢ

❝ 한글 모음은 단모음 10개와 이중 모음 11개를 합쳐 총 21개가 있어.

## ▎양성 모음   소리의 느낌이 밝고 산뜻한 모음.

ㅏ, ㅑ, ㅗ, ㅛ, ㅐ, ㅒ, ㅘ, ㅚ, ㅙ

❝ 풍당, 소곤소곤, 도란도란은 양성 모음이 들어가 있어서 소리가 작은 느낌이 들어.

## ▎음성 모음   소리의 느낌이 어둡고 큰 모음.

ㅓ, ㅕ, ㅜ, ㅠ, ㅔ, ㅖ, ㅝ, ㅟ, ㅞ, ㅡ, ㅢ

❝ 풍덩, 수군수군, 두런두런은 음성 모음이 들어가 있어서 소리가 큰 느낌이 들어.

## 🔖 예사소리 자음 중에서 약하게 나오는 소리.

❝ 자음은 소리의 세기에 따라 예사소리, 된소리, 거센소리로 나눌 수 있어.

## 🔖 된소리 자음 중에서 목청에 힘을 주어 조금 세게 나오는 소리.

❝ '깜깜'은 된소리가 있어서 '감감'보다 좀 더 어두운 느낌이야.

## 거센소리 자음 중에서 목청을 넓게 열어 거칠게 나오는 소리.

입 앞에 손바닥을 펴고 '캄캄'이라고 소리 내면, 거센소리 때문에 바람이 세게 나와.

## 울림소리 목청(성대)이 울리는 소리.

울림소리에는 모음과 자음 'ㄴ, ㄹ, ㅁ, ㅇ'이 속해 있어.

# 음운의 변동

🔖 음절의 끝소리 규칙, 된소리되기, 구개음화, 자음 동화, 모음 조화, 사잇소리 현상, 축약, 탈락

; 두 음운이 만났을 때 발음하기 좋게 음운이 달라지는 현상.

❝ '하늘이'는 [하느리]라고 발음하고, '파랗다'는 [파라타]라고 발음해. 원래 글자대로 하나씩 읽으면 발음하기 어려워서 음운의 변동이 생긴 거야.

## 🔖 음절의 끝소리 규칙
음절의 끝에서 발음되는 자음은 'ㄱ, ㄴ, ㄷ, ㄹ, ㅁ, ㅂ, ㅇ'뿐이라는 규칙.

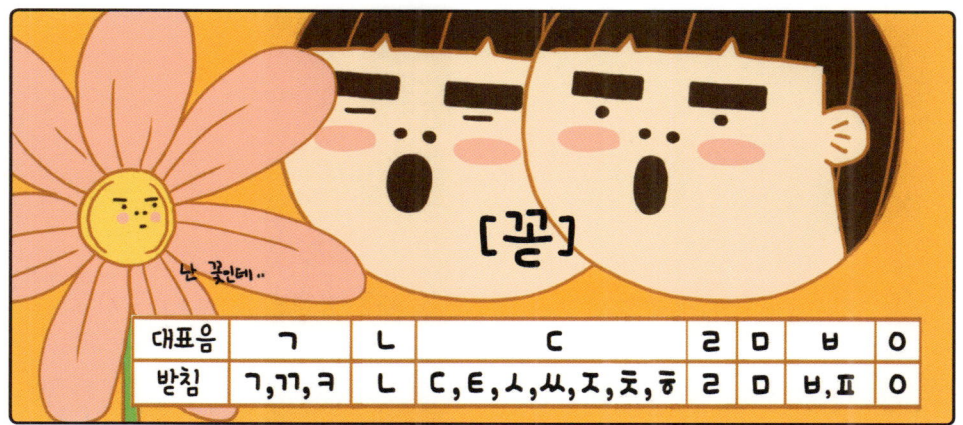

| 대표음 | ㄱ | ㄴ | ㄷ | ㄹ | ㅁ | ㅂ | ㅇ |
|---|---|---|---|---|---|---|---|
| 받침 | ㄱ,ㄲ,ㅋ | ㄴ | ㄷ,ㅌ,ㅅ,ㅆ,ㅈ,ㅊ,ㅎ | ㄹ | ㅁ | ㅂ,ㅍ | ㅇ |

소리 나는 대로 썼을 때 한 글자, 한 글자를 '음절'이라고 해.
'꽃'의 받침 'ㅊ'은 음절의 끝소리 규칙에 따라 대표음인 'ㄷ'으로 발음해.

## 🔖 된소리되기
뒤 음절의 첫소리가 된소리(ㄲ, ㄸ, ㅃ, ㅆ, ㅉ)로 발음되는 현상.

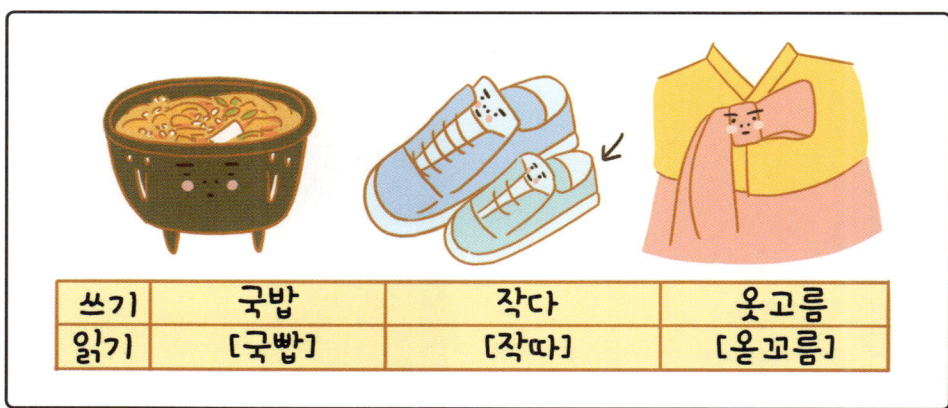

| 쓰기 | 국밥 | 작다 | 옷고름 |
|---|---|---|---|
| 읽기 | [국빱] | [작따] | [옫꼬름] |

보통 앞 음절의 끝소리가 'ㄱ, ㄷ, ㅂ'으로 발음되면, 뒤 음절의 첫소리에서 된소리되기 현상이 일어나.

## 구개음화 'ㄷ, ㅌ'이 'ㅣ' 모음을 만나 'ㅈ, ㅊ'으로 바뀌는 현상.

굳이[구지], 같이[가치], 밭이[바치] 등을 발음할 때 구개음화가 일어나.

## 자음 동화 앞말의 받침과 뒷말의 첫소리가 서로 비슷하거나 같은 소리로 바뀌는 현상.

밥물[밤물], 담력[담녁], 국민[궁민], 독립[동닙] 등을 발음할 때 자음 동화가 일어나.

## ▶ 모음 조화
양성 모음은 양성 모음끼리 음성 모음은 음성 모음끼리 어울리는 현상.

❝ '작-'에 'ㅏ' 모음이 있어서 모음 조화에 따라 '-어'보다 '-아'가 어울려.

## ▶ 사잇소리 현상
두 낱말이 합쳐져서 합성어가 될 때, 그 사이에 새로운 소리가 덧나는 현상.

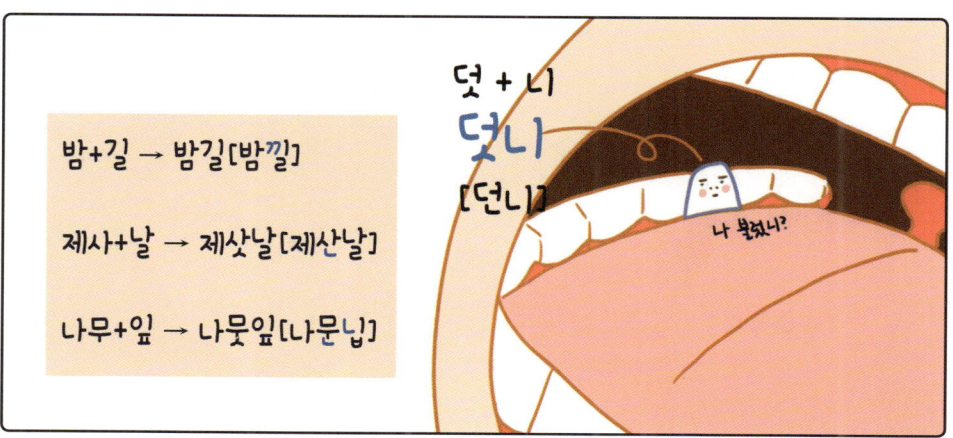

❝ 사잇소리 현상이 일어날 때, 그 표시로 사이시옷(ㅅ)을 받쳐 적기도 해.

## 🔖 축약 두 음운이 합쳐져 하나의 음운으로 줄어드는 현상.

💬 'ㅎ'과 'ㄷ'이 만나면 두 음운이 축약되어 'ㅌ'으로 변해서 발음돼.

---

## 🔖 탈락 두 음운 중 한 음운이 없어지는 현상.

💬 '소나무'는 '솔'과 '나무'가 결합하면서 'ㄹ'이 탈락했어.

# 품사

명사, 대명사, 수사, 동사, 형용사, 활용, 어간, 어미, 관형사, 부사, 감탄사, 조사

; 낱말들을 성질이 같은 것끼리 묶은 것.

품사는 문장에서 어떤 역할을 하는지에 따라
체언, 용언, 수식언, 독립언, 관계언으로 나눌 수 있어.
체언은 명사, 대명사, 수사, 수식언은 관형사와 부사, 용언은 동사와 형용사,
관계언은 조사, 독립언은 감탄사가 있어.

## 🔖 명사 사람이나 사물의 이름을 나타내는 말.

❝ 일반적으로 두루 쓰이는 이름은 '보통 명사', 특정 대상의 이름은 '고유 명사'야.

## 🔖 대명사 사람이나 사물의 이름을 대신 나타내는 말.

❝ '나, 너, 그' 등은 사람을 가리키는 대명사고, '이것'은 사물, '여기'는 장소를 가리키는 대명사야.

## 🔖 수사 사물의 수량이나 순서를 나타내는 말.

💬 수를 세는 수사는 '하나, 둘…' 등이 있고 순서를 세는 수사는 '첫째, 둘째…' 등이 있어.

## 🔖 동사 움직임을 나타내는 말.

💬 동사는 현재형 문장, 청유형 문장, 명령형 문장 등 대부분의 문장에 다 쓸 수 있어.

## ▶ 형용사 상태나 성질을 나타내는 말.

❝ 형용사는 '귀엽고 있어'와 같은 현재형 문장에는 쓸 수 없어. 청유형 문장, 명령형 문장에도 쓸 수 없어.

## ▶ 활용 문장 안에서 쓰임에 따라 용언의 형태가 달라지는 것.

❝ '먹다'는 '먹는다, 먹고, 먹으면, 먹어야지' 등으로 활용돼.

## 🔖 어간 용언이 활용될 때 변하지 않는 부분.

❝ '먹다, 먹고, 먹니'에서 변하지 않는 부분인 '먹-'이 용언의 어간이야.

---

## 🔖 어미 어간 뒤에 붙어서 변화하는 부분.

❝ '먹다, 먹고, 먹니'에서 변하는 부분인 '-다', '-고', '-니'가 어미야.

## 관형사 체언을 꾸며 주는 말.

'모자'를 관형사 '새'로 꾸며 주니까 더 분명하고 구체적인 느낌이 들어.

## 부사 주로 용언을 꾸며 주는 말.

1)의 '빨리'는 용언(달리다)을 꾸미고, 2)의 '아주'는 부사(빨리)를 꾸미고, 3)의 '과연'은 문장 전체를 꾸미는 부사야.

## 감탄사 느낌, 놀람, 부름, 대답 등을 나타내면서 독립적으로 쓰이는 말.

아주 멋진 광경을 보면 입에서 저절로 '우아!' 하는 감탄사가 흘러나와.

## 조사 앞말에 붙어 문장 안에서 어떤 자격을 갖게 하는 말.

체언에 조사 '이/가'가 붙으면 주어가 되고, '을/를'이 붙으면 목적어가 돼.

# 낱말의 형성

▌ 어근, 접사, 단일어, 복합어, 합성어, 파생어

; 새로운 낱말을 이루는 방법.

❝ 세상에는 아주 많은 낱말이 있어. 이 낱말들은 어떻게 만들어진 걸까? 낱말의 형성에는 어근과 접사가 필요해.

## 어근 낱말에서 실질적인 뜻을 나타내는 중심 부분.

> '맨손'에서 실질적인 뜻을 가진 어근은 '손'이고, '손수건'에서는 '손'과 '수건'이 모두 어근이야.

## 접사 낱말에서 어근에 붙어 특정한 느낌을 주는 주변 부분.

> 접사에는 '풋-(덜 익은)', '햇-(그 해에 처음 난)', '-꾼(그 일을 하는 사람)', '-개(간단한 도구)' 등이 있어.

## 🔖 단일어 하나의 어근으로 이루어진 낱말.

❝ 단일어는 더 이상 나눌 수 없는 하나의 어근으로 이루어져 있어.

---

## 🔖 복합어 둘 이상의 어근이나, 어근과 접사의 결합으로 이루어진 낱말.

❝ '밤낮'은 '밤'과 '낮', '나무꾼'은 '나무'와 '-꾼'으로 이루어진 복합어야.

## 🔖 합성어 어근과 어근의 결합으로 이루어진 복합어.

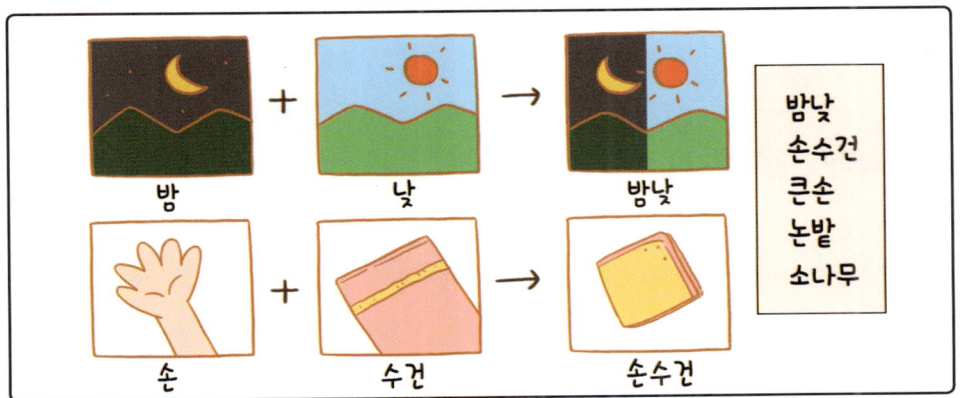

💬 밤낮은 '늘, 항상'이라는 뜻도 있는데, 합성어가 되면서 이렇게 새로운 뜻이 추가되거나 아예 바뀌기도 해.

## 🔖 파생어 어근과 접사의 결합으로 이루어진 복합어.

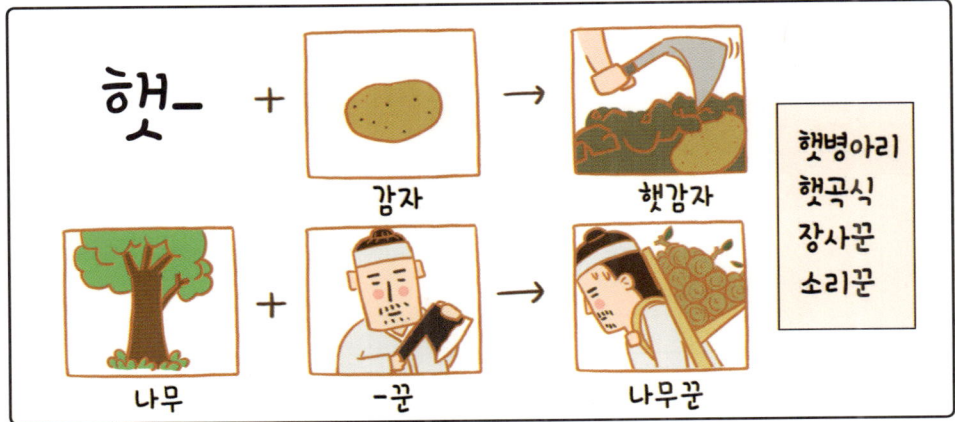

💬 '햇감자, 햇곡식, 나무꾼, 장사꾼'처럼 하나의 접사에 여러 어근이 붙어서 많은 파생어를 만들어.

# 문장

📑 문장 성분, 주어, 서술어, 목적어, 보어, 관형어, 부사어, 독립어

; 생각이나 감정을 말로 표현할 때 내용을 완성해서 나타내는 최소 단위.

단어를 나열했다고 문장이 되는 건 아니야.
문장이 되려면 주어, 서술어 등 문장 성분을 갖추고,
끝에 마침표, 물음표, 느낌표 등의 문장 부호를 넣어야 해.

## 🔖 문장 성분 문장을 구성하는 요소.

❝ 문장 성분에는 주성분(주어, 서술어, 목적어, 보어), 부속 성분(관형어, 부사어), 독립 성분(독립어)이 있어.

---

## 🔖 주어 문장에서 '누가, 무엇이'에 해당하는 말.

❝ 주어는 주로 체언에 조사 '이/가/께서'나 '은/는'이 붙어 있는 부분이야.

## ▌서술어
문장에서 주어의 동작이나 상태, 성질 등을 설명하는 말.

❝ 우리말에서 서술어는 보통 문장 끝에 자리해.

## ▌목적어
서술어의 동작 대상이 되는 말.

❝ 목적어는 보통 체언에 조사 '을/를'이 붙어서 나타나.

## ▌보어
서술어 '되다/아니다' 앞에 오는 말.

❝ 보어는 주어를 보충하는 말이야.

## 관형어
문장에서 체언을 꾸미는 말.

'큰'은 '크다'라는 형용사에 '-ㄴ'이 붙어서 관형어가 되었어.

## 부사어
문장에서 용언이나 수식언, 문장 전체를 꾸미는 말.

'집에서, 혼자'는 모두 '먹었어요'를 꾸미는 부사어야.

## 독립어 다른 문장 성분과 직접 관련이 없는 말.

독립어에는 감탄사나 '얘들아'처럼 체언(얘들)에 부르는 말을 나타내는 조사(아/야/이여)가 붙은 말들이 있어.

# 문장의 종류

평서문, 의문문, 명령문, 청유문, 감탄문, 부정문, 피동문, 사동문, 높임 표현, 시간 표현

; 서술어의 표현에 따라 문장의 의미를 나누는 것.

말하는 사람이 어떤 의도로 문장을 만드냐에 따라 문장의 종류가 달라져. 기본적으로 평서문, 의문문, 명령문, 청유문, 감탄문, 부정문 등의 문장이 있어.

## 평서문 말하는 이가 하고 싶은 말을 평범하고 단순하게 말하는 문장.

평서문은 서술어가 '-다'로 끝나고, 끝에 마침표(.)가 있어.

## 의문문 말하는 이가 듣는 이에게 질문하는 문장.

의문문은 서술어가 '-(느)냐, -까, -니' 등으로 끝나고, 끝에 물음표(?)가 있어.

## 명령문
말하는 이가 듣는 이에게 어떤 행동을 하라고 요구하는 문장.

명령문은 서술어가 '-아라/-어라, -(으)라' 등으로 끝나고, 동사만 쓰여.

## 청유문
말하는 이가 듣는 이에게 어떤 행동을 같이하자고 말하는 문장.

청유문은 서술어가 '-자'로 끝나고, 동사만 쓰여.

## 🔖 감탄문 말하는 이가 자기 느낌을 표현하는 문장.

> 감탄문은 서술어가 '-군요, -구나, -군, -아라/-어라' 등으로 끝나고, 끝에 느낌표(!)가 있어.

## 🔖 부정문 문장의 내용을 부정하는 문장.

> '안' 부정문은 할 수 있지만 자기 의지로 하지 않는다는 뜻이고,
> '못' 부정문은 하고 싶지만 사정이 여의치 않아서 못 한다는 뜻이야.

### 🔖 피동문 주어가 남에게 어떤 행동을 당하는 것을 나타낸 문장.

❝ '능동'이 자기 힘으로 행동하는 거라면, '피동'은 남에게 당하는 거야.

### 🔖 사동문 주어가 다른 사람이나 대상에게 동작을 시키는 문장.

❝ '주동'이 직접 행동하는 거라면, '사동'은 대상에게 그 행동을 시키는 거야.

## 🔖 높임 표현
말하는 이가 듣는 이나 대상의 높고 낮음에 따라 구별하여 말하는 것.

❝ '진지'는 '밥'의 높임말이고, '드시다'는 '먹다'의 높임말이야.

---

## 🔖 시간 표현
언어를 통해 과거, 현재, 미래의 시간을 표현하는 것.

❝ 과거 시간 표현은 서술어에 '-았-/-었-, -더-'를 붙이고, 현재는 '-는-/(으)ㄴ-', 미래는 '-겠-, (으)ㄹ-, -ㄹ 것-'을 붙여.

# 어휘의 관계

> 유의어, 반의어, 상의어/하의어, 다의어, 동음이의어, 관용어, 속담, 한자 성어, 표준어, 사투리(방언)

; 어휘들끼리 의미나 형태에 따라 서로 관련을 맺는 것.

" 사람들 사이에 다양한 관계가 있는 것처럼 어휘들 사이에도 다양한 관계가 있어. 어휘의 관계를 알면 낱말의 뜻을 더욱 분명히 알 수 있어.

# 🔖 유의어 소리는 다르지만, 뜻은 비슷한 말.

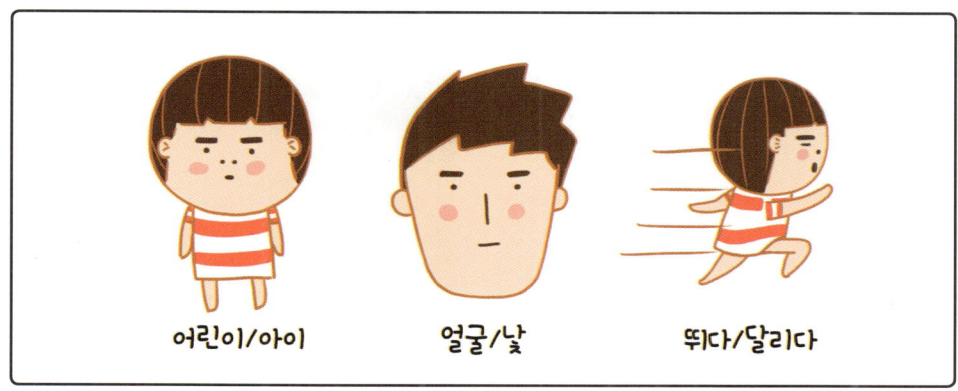

어린이/아이　　얼굴/낯　　뛰다/달리다

❝ 유의어는 뜻이 비슷해서 대체로 바꿔 쓸 수 있지만, 어색한 경우도 있어.
→ 낯이 익다(O), 얼굴이 익다(X)

# 🔖 반의어 서로 반대되는 뜻을 가진 말.

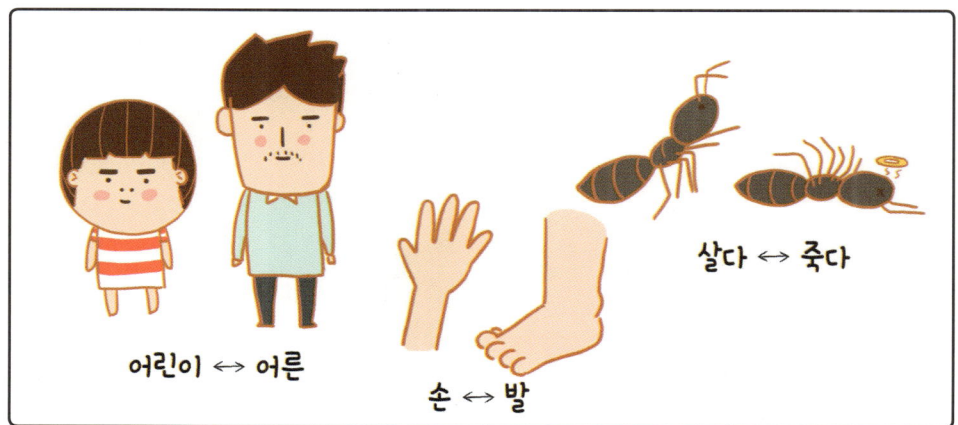

어린이 ↔ 어른　　손 ↔ 발　　살다 ↔ 죽다

❝ 반의어는 공통점을 가지고 있으면서 동시에 다른 점이 한 가지 있어.
어린이와 어른은 둘 다 사람이지만, 뜻은 반대야.

## 상의어/하의어

포함 관계에 있는 어휘들 사이에서 포함하는 말은 상의어, 포함되는 말은 하의어.

하의어는 상의어보다 구체적이고 상의어의 한 종류라고 할 수 있어. 각각 상위어, 하위어라고도 해.

## 다의어

하나의 낱말이 비슷한 느낌의 여러 가지 뜻으로 쓰이는 말.

다의어는 한 낱말 안에 중심 의미와 이것이 확장된 주변 의미가 있어.

## 📑 동음이의어 소리는 같지만, 뜻이 다른 말.

> 동음이의어는 완전히 다른 말이기 때문에 뜻을 알려면 앞뒤 내용을 잘 살펴야 해.

## 📑 관용어 둘 이상의 낱말이 합쳐져 원래의 뜻과는 전혀 다른 새로운 의미로 굳어져서 쓰이는 표현.

> '눈이 높다'라는 말은 수준이 높은 것에 관심을 갖는다는 뜻이야.

🚩 **속담** 예로부터 전해지는 조상들의 지혜가 담긴 표현.

❝ '돌다리도 두들겨 보고 건너라.'라는 속담은 잘 아는 일이라도 주의하라는 뜻이야.

🚩 **한자 성어** 관용적인 뜻으로 굳어 쓰이는 한자로 된 말.

❝ 한자 성어 중에서 고사성어는 중국의 역사나 고전에서 생겨난 표현이 많아.

## 🚩 표준어 한 나라에서 두루두루 쓰는 표준이 되는 말.

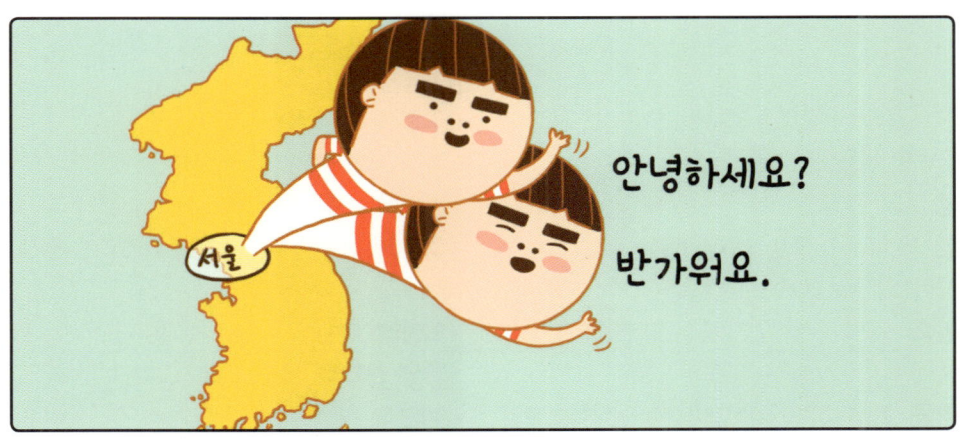

❝ 우리나라는 '교양 있는 사람들이 두루 쓰는 현대 서울말'을 표준어로 정했어.

## 🚩 사투리(방언) 같은 지역이나 집단에서 끼리끼리 쓰는 말.

❝ 사투리를 쓰면 같은 지역 사람이라는 친근감이 들어.

# 한 줄 모아보기

**파란색 글자**는 핵심 개념으로 제시된 개념어입니다.

**시** 생각이나 감정을 리듬이 느껴지는 말로 표현한 짧은 글 •12
**행** 시의 한 줄
**연** 행 여러 개를 한 덩어리로 묶은 것
**시어** 시에 쓰인 말
**함축** 시어가 여러 가지 뜻을 담고 있다는 특징
**리듬** 소리가 부드럽게 이어지며 규칙적으로 흐르는 것
**시적 허용** 문법이나 표현이 틀려도 시에서는 특별히 허용한다는 뜻

**운율** 시에서 규칙적인 반복을 통해 느껴지는 말의 리듬감 •16
**음수율** 글자 수가 일정하게 반복되는 운율
**각운** 시행의 끝에 같은 소리가 반복되는 것
**두운** 시행의 처음에 같은 소리가 반복되는 것
**의성어** 소리를 흉내 낸 말
**의태어** 모양을 흉내 낸 말

**화자** 시에서 시인을 대신하여 말하는 사람 •19
**정서** 시의 화자가 대상에 느끼는 감정
**분위기** 시에서 풍기는 전체적인 느낌
**태도** 화자의 마음가짐

**어조** 화자의 말투
**감정 이입** 어떤 대상에 화자의 감정을 옮겨 넣는 것
**의지적** 어려운 상황을 이겨 내겠다는 굳센 마음
**희망적** 어떤 일이 잘될 것 같은 느낌
**자연 친화적** 자연 속 삶을 즐거워하는 태도
**예찬적** 칭찬하고 찬양하는 태도
**체념적** 바라던 것을 더 기대하지 않는 마음
**절망적** 어떤 일이 이루어지지 않을 것 같은 느낌
**애상적** 슬프거나 마음이 아픈 느낌
**반성적** 잘못이 없는지 돌아보는 태도

**감각적 표현** 직접 보고, 듣고, 냄새 맡고, 만지는 것 같은 느낌을 주는 표현 •24
**심상** 감각적인 표현을 통해 마음속에 떠오르는 인상 •25
**시각적 심상** 눈으로 색깔, 모양, 크기, 움직임을 직접 보는 듯한 느낌
**청각적 심상** 귀로 소리를 듣는 듯한 느낌
**후각적 심상** 코로 냄새를 맡는 듯한 느낌
**미각적 심상** 혀로 맛을 보는 듯한 느낌
**촉각적 심상** 피부에 닿는 듯한 느낌
**공감각적 심상** 하나의 감각을 다른 감각으로 옮겨서 표현한 심상

**비유적 표현** 표현하고 싶은 마음이나 사물을 다른 대상에 빗대어 표현하는 방법 • 28

**원관념** 비유적 표현에서 시인이 표현하고 싶은 대상

**보조 관념** 비유적 표현에서 빗대어 표현한 대상

**직유법** '같이, 처럼, 듯' 등의 말로 원관념을 보조 관념에 직접 연결하는 비유법

**은유법** 'A는 B이다'의 형태로 원관념과 보조 관념을 은근히 짝짓는 비유법

**의인법** 사람이 아닌 것을 사람처럼 표현하는 비유법

**활유법** 무생물을 생물처럼 표현하는 비유법

**대유법** 구체적인 사물로 그것이 속한 전체를 대신 표현하는 비유법

**품유법** 속담이나 격언 등을 인용하여 표현하는 비유법

**상징** 어떤 말이 사전에 나온 뜻 말고 다른 뜻을 담은 표현법

**강조하기** 생각이나 감정을 강조하여 표현하는 방법 • 34

**과장법** 사실을 크게 부풀리거나 반대로 줄여서 표현하는 방법

**반복법** 같거나 비슷한 말을 반복하여 표현하는 방법

**영탄법** 기쁨이나 슬픔 등 감정을 있는 그대로 드러내는 표현법

**점층법** 내용이 점점 보태져서 느낌이 커지고 강해지는 표현법

**변화 주기** 문장에 변화를 주어 새로운 느낌을 표현하는 방법 • 37

**대구법** 구조가 비슷한 구절이나 문장을 대칭이 되게 표현하는 방법

**도치법** 문장에서 말의 순서를 바꾸어 표현하는 방법

**설의법** 말하고 싶은 내용을 상대방에게 물어보는 방법

**문답법** 묻고 답하는 식으로 표현하는 방법

**반어법** 마음에 품은 생각과 반대로 표현하는 방법

**역설법** 앞뒤 말이 이치에 어긋난 것처럼 보이지만, 그 안에 진실이 담긴 표현법

**시가** 시와 노랫말 • 41

**고대 가요** 고대 부족 국가 시대부터 삼국 시대 초기까지 불린 노래

**향가** 한자를 빌어서 만든 향찰이라는 문자로 기록한 신라 시대의 노래

**고려 가요** 고려 시대에 평민들이 주로 부른 노래

**시조** 고려 말부터 등장해 현대까지 창작되는 우리 민족 고유의 정형시

**민요** 백성들 사이에서 저절로 생겨나서 불려 오던 전통 노래

**판소리** 한 명의 소리꾼이 북장단에 맞추어 노래로 이야기를 들려주는 극음악

**동요** 어린이의 마음과 감정을 담은 어린이들의 노래

**동시** 어린이의 마음과 감정을 표현한 시

**말놀이** 말을 주고받으면서 하는 놀이 • 46

**수수께끼** 말소리나 모양을 빗대 사물에 대한 문제를 만들어 알아맞히는 놀이

**언어유희** 말소리가 비슷한 말을 이용하여 본래 뜻을 다르게 표현하는 말장난

**이야기** 어떤 사실이나 없는 일을 사실처럼 꾸며 재미있게 표현한 말과 글 • 50

**허구성** 사실이 아닌 일을 사실처럼 꾸며서 만든 특성

**진실성** 삶의 참모습을 깨닫게 해 주는 특성

**동화** 어린이의 마음으로 어린이를 위해서 상상하여 쓴 이야기

**소설** 현실에서 있음 직한 일을 작가가 상상하여 꾸며낸 이야기

**고전 소설** 옛날에 쓰인 소설. 1900년대 이전에 쓰인 소설

**현대 소설** 오늘날 쓰인 소설. 1900년대 이후에 쓰인 소설

**서술자** 소설이나 동화에서 작가를 대신하여 이야기를 전해 주는 이 • 54

**서술자의 위치** 이야기에서 서술자가 있는 곳

**시점** 이야기에서 서술자의 위치와 사건 및 인물에 대한 태도

**1인칭 주인공 시점** 서술자가 이야기 속에 등장하고 주인공인 시점

**1인칭 관찰자 시점** 서술자가 이야기 속에 등장하고 주변 인물인 시점

**3인칭 관찰자 시점** 서술자가 이야기 밖에서 등장인물을 객관적으로 관찰하여 이야기하는 시점

**전지적 작가 시점** 서술자가 인물과 사건에 대해 신처럼 다 알고 속속들이 이야기하는 시점

**구성** 긴장감과 재미를 위해 사건들을 짜임새 있게 배열한 것 • 58

**사건** 이야기에서 일어나는 일

**복선(암시)** 앞으로 다가올 상황에 대한 암시

**발단** 인물과 배경이 소개되고, 사건의 실마리가 나타나는 단계
**전개** 사건이 슬슬 진행되면서 인물 간의 갈등이 나타나는 단계
**절정** 갈등이 최고조에 이르고 주제가 드러나는 단계
**결말** 갈등이 해소되고 주인공의 운명이 결정되면서 사건이 마무리되는 단계

인물 이야기 속에 등장하여 말하고 행동하는 모든 이들 • 62
**주인공(주동 인물)** 이야기 속 중심 사건을 이끌어 가는 인물
**경쟁자(반동 인물)** 주인공에 반대하여 갈등을 일으키는 인물
**평면적 인물** 이야기의 처음부터 끝까지 성격이 변하지 않는 인물
**입체적 인물** 이야기가 진행되면서 성격이 변하는 인물
**전형적 인물** 성격이 어느 집단이나 계층을 대표하듯 틀에 박힌 인물
**개성적 인물** 자기만의 독특함을 가지고 성격이 톡톡 튀는 인물

갈등 생각이나 입장이 달라서 서로 대립하거나 다투는 상태 • 66
**내적 갈등** 한 인물의 마음속에서 서로 다른 생각들이 다툴 때 나타나는 갈등
**외적 갈등** 한 인물이 다른 사람이나 세상, 환경과 대립하여 나타나는 갈등

**개인과 개인의 갈등** 한 인물과 다른 인물 사이의 갈등
**개인과 사회의 갈등** 한 인물이 그가 속한 사회의 제도와 규칙 등에 의해 겪는 갈등
**개인과 자연의 갈등** 한 인물이 자연환경과 부딪쳐 싸우며 겪는 갈등
**개인과 운명의 갈등** 한 인물이 타고난 운명 때문에 일어나는 일로 겪는 갈등

배경 사건이 일어나는 구체적인 시간적·공간적 환경 • 70
**시간적 배경** 사건이 벌어지는 때
**공간적 배경** 사건이 벌어지는 장소

옛날이야기(설화) 옛날부터 전해 내려오던 이야기. 전래 동화(민담), 전설, 신화 등 • 72
**구전** 입에서 입으로 전해짐
**비현실성** 현실에서는 일어나지 않는 상황이나 현실적으로 불가능한 특성
**우연성** 아무런 인과 관계 없이 갑자기 어떤 일이 일어나는 것
**권선징악** 착한 사람은 복을 받고 나쁜 사람은 벌을 받는다는 뜻
**전래 동화(민담)** 평범한 인물들이 나와서 재미와 교훈을 주는 옛날이야기
**전설** 특정 지역의 구체적인 장소나 사물, 인물에 얽혀 전해 내려오는 이야기
**신화** 한 민족 사이에서 전해 오는 신과 영웅들의 이야기

**건국 신화** 한 나라를 처음 세운 왕의 일생 이야기

**희곡** 연극의 대본 · 77
**장** 등장인물의 등장과 퇴장으로 구분되는 희곡의 구성단위
**막** 장이 모여서 하나의 완결된 이야기를 갖춘 것
**해설** 희곡의 첫머리에 때와 장소, 인물, 무대 장치 등을 설명한 부분
**지시문(지문)** 인물의 말과 행동, 무대 장치나 분위기 등을 지시한 부분
**대사** 등장인물의 말
**대화** 둘 이상의 등장인물끼리 서로 주고받는 말
**독백** 등장인물이 상대역 없이 혼자 하는 말
**방백** 등장인물이 마음속으로 하는 말

**시나리오** 영화나 드라마의 대본 · 82
**장면(신, scene)** 사건이 전개되는 하나의 시간과 공간으로 이루어진 영화의 구성단위
**스토리보드** 영화의 주요 장면을 그림이나 사진 등으로 정리한 계획표

**글** 생각이나 일어난 일들을 문자로 표현한 것 · 86
**글의 목적** 글을 쓴 이유나 의도
**글의 갈래** 여러 가지 글들을 어떤 기준으로 나눈 글의 종류

**주제** 글의 중심 생각
**소재(글감)** 글의 내용을 만드는 재료
**글의 짜임** 글의 소재를 주제와 목적에 맞추어 엮는 방식
**비교·대조 짜임** 두 대상의 공통점과 차이점을 중심으로 설명하는 글의 짜임
**순서 짜임** 시간이나 공간의 순서에 따라 설명하는 글의 짜임
**나열 짜임** 하나의 주제에 대해 몇 가지 특징을 늘어놓는 글의 짜임
**문제·해결 짜임** 해결할 문제와 그에 대한 해결 방법을 제시하는 글의 짜임
**원인·결과 짜임** 어떤 일의 원인과 결과를 분석하는 글의 짜임

**설명하는 글(설명문)** 어떤 지식이나 정보를 이해하기 쉽게 객관적으로 전달하는 글 · 92
**설명 방법** 설명 대상을 알기 쉽게 표현하는 방법
**정의** '무엇은 무엇이다'라고 설명하는 방법. 뜻풀이
**예시** 구체적인 예를 들어 설명하는 방법
**분석** 대상을 부분으로 나누어 설명하는 방법
**비교** 서로 다른 두 대상의 비슷한 점을 찾아 설명하는 방법
**대조** 비슷한 두 대상의 대비되는 점을 찾아 설명하는 방법

**분류** 일정한 기준에 따라 종류별로 나누어 설명하는 방법

**구분** 서로 다른 점을 기준으로 나누어 설명하는 방법

**과정** 어떤 일이 되어가는 차례나 모습을 설명하는 방법

**묘사** 어떤 대상을 그림을 그리듯이 생생하게 표현하는 방법

**소개문** 사람이나 물건에 대한 정보를 알려 주는 글

**안내문** 시설 등을 편하게 이용하기 위해서 알아야 하는 내용을 간단하게 적은 글

**보고문** 일의 과정이나 연구한 결과를 사람들에게 알리는 글

**탐구 보고서** 실험이나 관찰, 탐사 등을 실행한 뒤 그 결과를 보고하기 위해 쓰는 글

**체험 학습 보고서** 현장 체험을 다녀온 뒤 체험 과정과 결과를 작성하여 보고하는 글

**조사 보고서** 어떤 주제를 조사하고 난 뒤 조사 내용과 결과를 보고하는 글

**기록문** 어떤 일이나 특정한 활동에 대해 그 내용 및 감상을 남기는 글

**관찰 기록문** 동물이나 식물, 자연 현상 등을 관찰하여 쓰는 글

**견학 기록문** 특정한 장소를 견학한 뒤 보고 듣고 느낀 것을 기록한 글

**기행문** 여행하면서 보고 듣고 겪고 느낀 것을 자유롭게 쓴 글

**여정** 여행의 과정이나 일정

**견문** 여행지에서 겪은 일이나 보고 들은 것

**전기문** 어떤 인물의 생애와 업적, 됨됨이 등을 사실에 바탕을 두어 기록한 글

**자서전** 자신의 생애를 직접 쓴 전기문

**기사문** 알릴 가치가 있는 사건이나 사실을 빠르고 정확하게 전달하기 위해 쓴 글

**취재** 작품이나 기사를 쓰기 위해 필요한 자료를 모으거나 조사한 것

**설문 조사** 통계 자료를 얻기 위해 사람들에게 의견을 묻는 것

**면담(인터뷰)** 서로 만나서 얼굴을 보고 이야기하는 것

**육하원칙** '누가, 언제, 어디에서, 무엇을, 어떻게, 왜'의 여섯 가지 기본 법칙

**표제와 부제** 표제는 기사의 큰 제목. 부제는 작은 제목

**전문과 본문** 전문은 전체 기사 내용을 요약한 첫 문장. 본문은 자세하게 쓴 내용

**해설** 기사에 대한 참고 사항이나 덧붙인 설명

**저작권** 책, 음악, 영화, 게임 등의 창작물에 대해 그것을 만든 사람이 가지는 권리

**출처** 말이나 글, 사진 등의 창작물을 가지고 온 곳

**설득하는 글(논설문)** 어떤 문제에 관해 자기 생각이나 주장을 이치에 맞게 밝혀 쓴 글 • 110

**주장** 어떤 문제에 관해 글쓴이가 내세우는 생각이나 입장

**근거** 주장을 뒷받침하는 내용

**연설문** 많은 사람 앞에서 연설하고자 하는 내용을 미리 쓴 글

**광고문** 소비자나 사용자에게 정보를 알려 주며 설득하는 글

**공익 광고** 나라와 국민 모두의 이익을 위해 가치 있는 내용을 알리는 광고

**기업 광고** 기업에 대해 좋은 느낌이 들게 하기 위해 기업 자체를 알리는 광고

**감정을 표현하는 글** 글쓴이의 감정과 경험 등을 표현하여 읽는 이에게 감동을 주는 글 • 114

**일기** 그날그날 겪은 일이나 생각, 느낌 등을 솔직하게 쓴 글

**반성** 자신의 마음이나 말, 행동 등을 돌아보는 것

**생활문** 생활 속에서 직접 체험한 일을 실감 나게 쓴 글

**개성적** 글쓴이의 생각, 느낌, 가치관, 경험 등 개인적인 특성이 글에 드러나는 것

**편지** 안부와 소식을 전하기 위해 상대방에게 대화하듯 쓴 글

**안부** 편안하게 잘 지내는지 소식을 전하고 묻는 일

**사연** 편지를 쓴 목적과 주요 내용

**서명** 편지의 끝에 자기 이름을 써넣은 것

**독후감** 책을 읽고 그에 대한 생각과 느낌을 중심으로 쓴 글

**서평** 책을 읽고 내용과 특징을 소개하고 평가하는 글

**의사소통** 서로 생각이나 느낌, 정보 등을 주고받는 일 • 122

**화자** 의사소통에서 말하거나 쓰는 사람

**청자** 의사소통에서 듣거나 읽는 사람

**언어적 소통** 말과 글로 의사소통을 하는 것

**반(半)언어적 소통** 말의 느낌을 나타내는 목소리의 크기, 빠르기, 높낮이, 말투 같은 것

**비(非)언어적 소통** 말과 글이 아닌 몸짓이나 표정 등으로 생각을 나타내는 것

**의사소통 수단** 의사소통을 가능하게 하는 여러 가지 수단

**대중 매체** 많은 사람에게 대량의 정보를 전달하는 매체

**인쇄 매체** 신문이나 잡지, 책처럼 활자로 인쇄되어 나온 매체

**방송 매체** 라디오나 텔레비전처럼 전파를 사용하는 매체

**통신 매체** 전화나 휴대폰, 인터넷처럼 주파수를 이용하는 매체

**대화** 서로 마주하고 이야기를 주고받는 의사소통 방식 • 128

**화제** 대화에서 말하려는 중심 내용
**대화 상황** 감사, 제안, 수락, 거절, 격려, 칭찬 등 목적과 의도가 있는 대화의 과정
**감사** 상대에게 고마움을 나타내는 것
**사과** 자기 잘못을 인정하고 용서를 비는 것
**제안** 어떤 일을 이로운 쪽으로 해결하기 위해 의견을 내는 것
**수락** 요구나 제안을 받아들이는 것
**부탁** 어떤 일을 남에게 해 달라고 하거나 맡기는 것
**거절** 상대편의 요구, 제안, 선물, 부탁 등을 받아들이지 않고 물리침
**격려** 힘이나 용기가 솟아나도록 북돋워 주는 것
**위로** 따뜻한 말로 괴로움을 덜어 주거나 슬픔을 달래 주는 것
**칭찬** 좋은 점을 높이 평가하거나 잘한다고 하는 것
**충고** 남의 잘못을 타이르거나 어떻게 고칠지 알려 주는 것

**발표** 어떤 일이나 사실, 생각을 여러 사람에게 말하는 것 • 135
**발언** 토론이나 토의 등 공식적인 자리에서 의견을 말하는 것
**소개** 사람이나 물건에 관해 남에게 알려 주는 것
**연설** 많은 사람 앞에서 자신의 주장을 말하는 것

**시청각 자료** 사진, 영상, 음성 등 시각과 청각을 통해 정보를 전달하는 자료

**토론** 어떤 문제에 대해 찬성과 반대로 나누어 각각 의견을 말하며 논의하는 것 • 138
**논제** 토론에서 논의하고자 하는 문제
**토론 절차** 토론을 하는 순서와 방법
**입론** 토론에서 찬성 측과 반대 측이 자신의 주장을 펼치는 것
**반론** 상대편의 주장과 근거, 자료 등에서 문제와 오류를 찾아 따지는 것
**최후 변론** 토론에서 찬성 측과 반대 측이 자신의 주장을 다시 한번 강조하는 것
**오류** 주장의 앞뒤가 맞지 않는 것
**사회자** 토론을 진행하는 사람
**토론자** 토론에 직접 참여하여 찬성, 혹은 반대 의견을 주장하는 사람
**판정단** 토론에서 찬성과 반대의 승패를 가리는 사람들
**청중** 토론, 연설, 발표, 연주회 등을 듣기 위해 모인 사람들

**토의** 어떤 문제를 해결하기 위해 여럿이 함께 의논하는 것 • 144
**의제** 토의에서 해결하고자 하는 문제
**회의** 여러 사람이 모여 어떤 일에 대해 다양한 의견을 나누는 것
**재청** 회의에서 다른 사람의 의견에 찬성할 때 쓰는 말

**다수결** 의견을 하나로 모으기 위해 많은 사람이 지지하는 의견으로 결정하는 것
**의장** 회의를 대표하고 진행하는 사람
**서기** 회의 내용 및 진행 과정 등을 기록하는 사람. 기록자

**언어 예절** 의사소통에서 서로 존중하며 품위 있는 말을 쓰는 것 • 148
**에티켓** 사람들과의 만남에서 기본적으로 갖춰야 하는 바른 몸가짐
**인사말** 만나거나 헤어질 때 예의를 표하는 말
**높임말** 사람이나 사물을 높이는 말
**유행어** 짧은 시기 동안 사람들 사이에서 많이 쓰이는 새로운 말
**비속어** 예의 없이 대상을 낮추거나 품위 없이 천한 말
**은어** 다른 사람들은 알아듣지 못하도록 자기들끼리만 사용하는 말

**읽기** 문자를 통해 글을 쓴 사람과 읽는 사람이 의사소통하는 것 • 152
**낭송** 글을 소리 내어 읽기
**정독** 뜻을 새기며 자세히 읽기
**띄어 읽기** 어절, 문장, 의미 단락 등으로 띄어 읽는 것
**요약하기** 책을 읽을 때 중심 내용을 간추리며 읽는 것
**짐작하기** 앞으로 나올 내용이나 글에 나오지 않은 내용을 예상하며 읽는 것

**추론하기** 글의 앞뒤 사실을 근거로 직접 드러나지 않은 부분을 생각하며 읽는 것

**쓰기** 경험한 일이나 생각을 단어와 문장으로 연결해 표현하는 활동 • 156
**글쓰기 과정** 글을 쓰는 순서와 방법
**계획하기** 글을 쓰기 전에 글을 쓰는 목적과 주제, 글을 읽는 사람 등을 정하는 것
**개요 짜기(내용 조직하기)** 떠올린 내용을 글의 짜임에 맞게 조직하는 것
**표현하기** 개요를 바탕으로 글의 내용을 글자로 쓰는 것
**문단 나누기** 글에서 하나의 중심 생각이 하나의 덩어리가 되게 나누는 것
**고쳐 쓰기** 자신이 쓴 글을 다시 읽으며 잘못된 부분이나 어색한 부분을 고치는 것

**문법** 언어마다 그 언어를 사용하는 규칙 • 162
**언어의 특징** 언어가 공통적으로 가지고 있는 특징 • 163
**기호성** 언어는 뜻과 말소리(또는 문자)가 결합된 기호로 나타난다는 특징

**자의성** 언어에서 뜻과 말소리는 서로 특별한 관계가 없다는 특징

**사회성** 언어는 사람들의 약속이기 때문에 마음대로 바꿀 수 없다는 특징

**역사성** 시간의 흐름에 따라 언어가 변한다는 특징

**법칙성(규칙성)** 모든 언어에는 일정한 규칙이 있다는 특징

**창조성** 아주 많은 단어와 문장을 만들 수 있다는 특징

**언어의 기능** 자신이 말하고자 하는 의도와 목적에 따라 언어의 쓰임이 달라지는 것 • 167

**정보적 기능** 어떤 대상에 대한 정보를 얻거나 전달하는 것

**명령적 기능** 상대방이 어떤 행동을 하도록 말로 요구하는 것

**친교적 기능** 상대방과 친밀한 관계를 만들고자 하는 것

**정서적 기능** 감정이나 태도를 말로 표현하는 것

**음운** 말의 뜻을 구별해 주는 소리의 가장 작은 단위 • 170

**모음** 공기가 입안에서 발음 기관의 방해를 받지 않고 나는 소리

**자음** 공기가 입안에서 발음 기관의 방해를 받고 나는 소리

**단모음** 발음하는 동안 입술이나 혀가 움직이지 않는 모음

**이중 모음** 발음하는 동안 입술이나 혀가 움직이는 모음

**양성 모음** 소리의 느낌이 밝고 산뜻한 모음

**음성 모음** 소리의 느낌이 어둡고 큰 모음

**예사소리** 자음 중에서 약하게 나오는 소리

**된소리** 자음 중에서 목청에 힘을 주어 조금 세게 나오는 소리

**거센소리** 자음 중에서 목청을 넓게 열어 거칠게 나오는 소리

**울림소리** 목청(성대)이 울리는 소리

**음운의 변동** 두 음운이 만났을 때 발음하기 좋게 음운이 달라지는 현상 • 176

**음절의 끝소리 규칙** 음절의 끝에서 발음되는 자음은 'ㄱ, ㄴ, ㄷ, ㄹ, ㅁ, ㅂ, ㅇ'뿐이라는 규칙

**된소리되기** 뒤 음절의 첫소리가 된소리(ㄲ, ㄸ, ㅃ, ㅆ, ㅉ)로 발음되는 현상

**구개음화** 'ㄷ, ㅌ'이 'ㅣ' 모음을 만나 'ㅈ, ㅊ'으로 바뀌는 현상

**자음 동화** 앞말의 받침과 뒷말의 첫소리가 서로 비슷하거나 같은 소리로 바뀌는 현상

**모음 조화** 양성 모음은 양성 모음끼리 음성 모음은 음성 모음끼리 어울리는 현상

**사잇소리 현상** 두 낱말이 합쳐져서 합성어가 될 때, 그 사이에 새로운 소리가 덧나는 현상

**축약** 두 음운이 합쳐져 하나의 음운으로 줄어드는 현상

**탈락** 두 음운 중 한 음운이 없어지는 현상

**품사** 낱말들을 성질이 같은 것끼리 묶은 것 • 181

**명사** 사람이나 사물의 이름을 나타내는 말

**대명사** 사람이나 사물의 이름을 대신 나타내는 말.

**수사** 사물의 수량이나 순서를 나타내는 말

**동사** 움직임을 나타내는 말

**형용사** 상태나 성질을 나타내는 말

**활용** 문장 안에서 쓰임에 따라 용언의 형태가 달라지는 것

**어간** 용언이 활용될 때 변하지 않는 부분

**어미** 어간 뒤에 붙어서 변화하는 부분

**관형사** 체언을 꾸며 주는 말

**부사** 주로 용언을 꾸며 주는 말

**감탄사** 느낌, 놀람, 부름, 대답 등을 나타내면서 독립적으로 쓰이는 말

**조사** 앞말에 붙어 문장 안에서 어떤 자격을 갖게 하는 말

**낱말의 형성** 새로운 낱말을 이루는 방법 • 188

**어근** 낱말에서 실질적인 뜻을 나타내는 중심 부분

**접사** 낱말에서 어근에 붙어 특정한 느낌을 주는 주변 부분

**단일어** 하나의 어근으로 이루어진 낱말

**복합어** 둘 이상의 어근이나, 어근과 접사의 결합으로 이루어진 낱말

**합성어** 어근과 어근의 결합으로 이루어진 복합어

**파생어** 어근과 접사의 결합으로 이루어진 복합어

**문장** 생각이나 감정을 말로 표현할 때 내용을 완성해서 나타내는 최소 단위 • 192

**문장 성분** 문장을 구성하는 요소

**주어** 문장에서 '누가, 무엇이'에 해당하는 말

**서술어** • 문장에서 주어의 동작이나 상태, 성질 등을 설명하는 말

**목적어** 서술어의 동작 대상이 되는 말

**보어** 서술어 '되다/아니다' 앞에 오는 말

**관형어** 문장에서 체언을 꾸미는 말

**부사어** 문장에서 용언이나 수식언, 문장 전체를 꾸미는 말

**독립어** 다른 문장 성분과 직접 관련이 없는 말

**문장의 종류** 서술어의 표현에 따라 문장의 의미를 나누는 것 • 196

**평서문** 말하는 이가 하고 싶은 말을 평범하고 단순하게 말하는 문장

**의문문** 말하는 이가 듣는 이에게 질문하는 문장

**명령문** 말하는 이가 듣는 이에게 어떤 행동을 하라고 요구하는 문장
**청유문** 말하는 이가 듣는 이에게 어떤 행동을 같이하자고 말하는 문장
**감탄문** 말하는 이가 자기 느낌을 표현하는 문장
**부정문** 문장의 내용을 부정하는 문장
**피동문** 주어가 남에게 어떤 행동을 당하는 것을 나타낸 문장
**사동문** 주어가 다른 사람이나 대상에게 동작을 시키는 문장
**높임 표현** 말하는 이가 듣는 이나 대상의 높고 낮음에 따라 구별하여 말하는 것
**시간 표현** 언어를 통해 과거, 현재, 미래의 시간을 표현하는 것

**어휘의 관계** 어휘들끼리 의미나 형태에 따라 서로 관련을 맺는 것 •202
**유의어** 소리는 다르지만, 뜻은 비슷한 말
**반의어** 서로 반대되는 뜻을 가진 말
**상의어/하의어** 포함 관계에 있는 어휘들 사이에서 포함하는 말은 상의어. 포함되는 말은 하의어
**다의어** 하나의 낱말이 비슷한 느낌의 여러 가지 뜻으로 쓰이는 말
**동음이의어** 소리는 같지만, 뜻이 다른 말
**관용어** 둘 이상의 낱말이 합쳐져 원래의 뜻과는 전혀 다른 새로운 의미로 굳어져서 쓰이는 표현

**속담** 예로부터 전해지는 조상들의 지혜가 담긴 표현
**한자 성어** 관용적인 뜻으로 굳어 쓰이는 한자로 된 말
**표준어** 한 나라에서 두루두루 쓰는 표준이 되는 말
**사투리(방언)** 같은 지역이나 집단에서 끼리끼리 쓰는 말

# 찾아보기

## - ㄱ -

| | |
|---|---|
| 각운 | 17 |
| 갈등 | 66 |
| 감각적 표현 | 24 |
| 감사 | 130 |
| 감정 이입 | 21 |
| 감정을 표현하는 글 | 114 |
| 감탄 | 199 |
| 감탄사 | 187 |
| 강조하기 | 34 |
| 개성적 인물 | 65 |
| 개성적 | 116 |
| 개요 짜기 (내용 조직하기) | 158 |
| 개인과 개인의 갈등 | 68 |
| 개인과 사회의 갈등 | 68 |
| 개인과 운명의 갈등 | 69 |
| 개인과 자연의 갈등 | 69 |
| 거센소리 | 175 |
| 거절 | 132 |
| 건국 신화 | 76 |
| 격려 | 133 |
| 견문 | 103 |
| 견학 기록문 | 102 |
| 결말 | 61 |
| 경쟁자(반동 인물) | 63 |
| 계획하기 | 157 |
| 고대 가요 | 42 |
| 고려 가요 | 43 |
| 고전 소설 | 53 |
| 고쳐 쓰기 | 159 |
| 공간적 배경 | 71 |
| 공감각적 심상 | 27 |
| 공익 광고 | 113 |
| 과장법 | 35 |
| 과정 | 97 |
| 관용어 | 205 |
| 관찰 기록문 | 101 |
| 관형사 | 186 |
| 관형어 | 195 |
| 광고문 | 112 |
| 구개음화 | 178 |
| 구분 | 96 |
| 구성 | 58 |
| 구전 | 73 |
| 권선징악 | 74 |
| 근거 | 111 |
| 글 | 86 |
| 글쓰기 과정 | 157 |
| 글의 갈래 | 87 |
| 글의 목적 | 87 |
| 글의 짜임 | 89 |
| 기록문 | 101 |
| 기사문 | 105 |
| 기업 광고 | 113 |
| 기행문 | 102 |
| 기호성 | 164 |

## - ㄴ -

| | |
|---|---|
| 나열 짜임 | 90 |
| 낭송 | 153 |
| 낱말의 형성 | 188 |
| 내적 갈등 | 67 |
| 논제 | 139 |
| 높임 표현 | 201 |
| 높임말 | 150 |

## - ㄷ -

| | |
|---|---|
| 다수결 | 146 |
| 다의어 | 204 |
| 단모음 | 172 |
| 단일어 | 190 |
| 대구법 | 38 |
| 대명사 | 182 |
| 대사 | 80 |
| 대유법 | 32 |
| 대조 | 95 |
| 대중 매체 | 126 |
| 대화 상황 | 129 |
| 대화(희곡) | 80 |
| 대화(의사소통) | 128 |
| 도치법 | 38 |
| 독립어 | 195 |
| 독백 | 81 |
| 독후감 | 119 |
| 동사 | 183 |
| 동시 | 45 |
| 동요 | 45 |

| | | | | | | | |
|---|---|---|---|---|---|---|---|
| 동음이의어 | 205 | - ㅂ - | | 비유적 표현 | 28 | | |
| 동화 | 52 | 반(半)언어적 소통 | 124 | 비현실성 | 73 | | |
| 된소리 | 174 | 반론 | 140 | | | | |
| 된소리 되기 | 177 | 반복법 | 35 | - ㅅ - | | | |
| 두운 | 17 | 반성 | 115 | 사건 | 59 | | |
| 띄어 읽기 | 154 | 반성적 | 23 | 사과 | 130 | | |
| | | 반어법 | 40 | 사동문 | 200 | | |
| - ㄹ - | | 반의어 | 203 | 사연 | 118 | | |
| 리듬 | 15 | 발단 | 60 | 사잇소리 현상 | 179 | | |
| | | 발언 | 136 | 사투리(방언) | 207 | | |
| - ㅁ - | | 발표 | 135 | 사회성 | 165 | | |
| 막 | 78 | 방백 | 81 | 사회자 | 142 | | |
| 말놀이 | 46 | 방송 매체 | 127 | 3인칭 관찰자 시점 | 57 | | |
| 면담(인터뷰) | 106 | 배경 | 70 | 상의어/하의어 | 204 | | |
| 명령문 | 198 | 법칙성(규칙성) | 166 | 상징 | 33 | | |
| 명령적 기능 | 168 | 변화 주기 | 37 | 생활문 | 116 | | |
| 명사 | 182 | 보고문 | 99 | 서기 | 147 | | |
| 모음 조화 | 179 | 보어 | 194 | 서덩 | 118 | | |
| 모음 | 171 | 보조 관념 | 29 | 서술어 | 194 | | |
| 목적어 | 194 | 복선(암시) | 59 | 서술자 | 54 | | |
| 묘사 | 97 | 복합어 | 190 | 서술자의 위치 | 55 | | |
| 문단 나누기 | 159 | 부사 | 186 | 서평 | 119 | | |
| 문답법 | 39 | 부사어 | 195 | 설득하는 글(논설문) | 110 | | |
| 문법 | 162 | 부정문 | 199 | 설명 방법 | 93 | | |
| 문장 성분 | 193 | 부탁 | 132 | 설명하는 글(설명문) | 92 | | |
| 문장 | 192 | 분류 | 96 | 설문 조사 | 106 | | |
| 문장의 종류 | 196 | 분석 | 94 | 설의법 | 39 | | |
| 문제·해결 짜임 | 91 | 분위기 | 20 | 소개 | 136 | | |
| 미각적 심상 | 27 | 비(非)언어적 소통 | 125 | 소개문 | 98 | | |
| 민요 | 44 | 비교·대조 짜임 | 89 | 소설 | 52 | | |
| | | 비교 | 95 | 소재(글감) | 88 | | |
| | | 비속어 | 151 | 속담 | 206 | | |

| | | | | | | | |
|---|---|---|---|---|---|---|---|
| 수락 | 131 | 언어의 기능 | 167 | 음운의 변동 | 176 |
| 수사 | 183 | 언어의 특징 | 163 | 음절의 끝소리 규칙 | 177 |
| 수수께끼 | 47 | 언어적 소통 | 124 | 의문문 | 197 |
| 순서 짜임 | 90 | 에티켓 | 149 | 의사소통 수단 | 125 |
| 스토리보드 | 83 | 여정 | 103 | 의사소통 | 122 |
| 시 | 12 | 역사성 | 165 | 의성어 | 18 |
| 시가 | 41 | 역설법 | 40 | 의인법 | 31 |
| 시각적 심상 | 26 | 연 | 13 | 의장 | 147 |
| 시간 표현 | 201 | 연설 | 137 | 의제 | 145 |
| 시간적 배경 | 71 | 연설문 | 112 | 의지적 | 22 |
| 시나리오 | 82 | 영탄법 | 36 | 의태어 | 18 |
| 시어 | 14 | 예사소리 | 174 | 이야기 | 50 |
| 시적 허용 | 15 | 예시 | 94 | 이중 모음 | 172 |
| 시점 | 55 | 예찬적 | 22 | 인물 | 62 |
| 시조 | 43 | 옛날이야기(설화) | 72 | 인사말 | 149 |
| 시청각 자료 | 137 | 오류 | 141 | 인쇄 매체 | 126 |
| 신화 | 76 | 외적 갈등 | 67 | 일기 | 115 |
| 심상 | 25 | 요약하기 | 154 | 1인칭 관찰자 시점 | 56 |
| 쓰기 | 156 | 우연성 | 74 | 1인칭 주인공 시점 | 56 |
| | | 운율 | 16 | 읽기 | 152 |
| - ㅇ - | | 울림소리 | 175 | 입론 | 140 |
| 안내문 | 98 | 원관념 | 29 | 입체적 인물 | 64 |
| 안부 | 117 | 원인·결과 짜임 | 91 | | |
| 애상적 | 23 | 위로 | 133 | - ㅈ - | |
| 양성 모음 | 173 | 유의어 | 203 | 자서전 | 104 |
| 어간 | 185 | 유행어 | 150 | 자연 친화적 | 22 |
| 어근 | 189 | 육하원칙 | 107 | 자음 동화 | 178 |
| 어미 | 185 | 은어 | 151 | 자음 | 171 |
| 어조 | 21 | 은유법 | 30 | 자의성 | 164 |
| 어휘의 관계 | 202 | 음성 모음 | 173 | 장 | 78 |
| 언어 예절 | 148 | 음수율 | 17 | 장면(신) | 83 |
| 언어유희 | 47 | 음운 | 170 | 재청 | 146 |

| | | | | | | |
|---|---|---|---|---|---|---|
| 저작권 | 109 | 청유문 | 198 | 평서문 | 197 |
| 전개 | 60 | 청자 | 123 | 표제와 부제 | 107 |
| 전기문 | 104 | 청중 | 143 | 표준어 | 207 |
| 전래 동화(민담) | 75 | 체념적 | 23 | 표현하기 | 158 |
| 전문과 본문 | 108 | 체험 학습 보고서 | 100 | 품사 | 181 |
| 전설 | 75 | 촉각적 심상 | 27 | 풍유법 | 32 |
| 전지적 작가 시점 | 57 | 최후 변론 | 141 | 피동문 | 200 |
| 전형적 인물 | 65 | 추론하기 | 155 | | |
| 절망적 | 23 | 축약 | 180 | - ㅎ - | |
| 절정 | 61 | 출처 | 109 | 한자 성어 | 206 |
| 점층법 | 36 | 충고 | 134 | 함축 | 14 |
| 접사 | 189 | 취재 | 105 | 합성어 | 191 |
| 정독 | 153 | 친교적 기능 | 169 | 해설 | 108 |
| 정보적 기능 | 168 | 칭찬 | 134 | 해설 | 79 |
| 정서 | 20 | | | 행 | 13 |
| 정서적 기능 | 169 | - ㅌ - | | 향가 | 42 |
| 정의 | 93 | | | 허구성 | 51 |
| 제안 | 131 | 탈락 | 180 | 현대 소설 | 53 |
| 조사 보고서 | 100 | 탐구 보고서 | 99 | 형용사 | 184 |
| 조사 | 187 | 태도 | 20 | 화자(시) | 19 |
| 주어 | 193 | 토론 | 138 | 화자(의사소통) | 123 |
| 주인공(주동 인물) | 63 | 토론자 | 142 | 화제 | 129 |
| 주장 | 111 | 토론 절차 | 139 | 활용 | 184 |
| 주제 | 88 | 토의 | 144 | 활유법 | 31 |
| 지시문(지문) | 79 | 통신 매체 | 127 | 회의 | 145 |
| 직유법 | 30 | | | 후각적 심상 | 26 |
| 진실성 | 51 | - ㅍ - | | 희곡 | 77 |
| 짐작하기 | 155 | 파생어 | 191 | 희망적 | 22 |
| | | 판소리 | 44 | | |
| - ㅊ - | | 판정단 | 143 | | |
| 창조성 | 166 | 편지 | 117 | | |
| 청각적 심상 | 26 | 평면적 인물 | 64 | | |